DANS LA MÊME COLLECTION

LA PHILOSOPHIE
DE SCHELLING

REPÈRES

REPÈRES PHILOSOPHIQUES
Directrice : Éléonore LE JALLÉ

LA PHILOSOPHIE
DE SCHELLING

REPÈRES

par
Patrick CERUTTI

PARIS
LIBRAIRIE PHILOSOPHIQUE J. VRIN
6 place de la Sorbonne, V^e
2019

© *Librairie Philosophique J. VRIN*, 2019
Imprimé en France
ISSN 2105-0279
ISBN 978-2-7116-2868-1
www.vrin.fr

Pour Alexandra

ABREVIATIONS

Nous renvoyons systématiquement à ces deux éditions de référence :

HKA   *Historisch-Kritische Ausgabe*, W.G. Jacobs, H. Krings, M. Durner (hrsg), Stuttgart, Frommann-Holzboog, 1976-2016.

SW   *Friedrich Wilhelm Joseph von Schellings sämmtliche Werke*, K.F.A. Schelling (hrsg), Stuttgart/Augsburg, Cotta, Bd. I-XIV, 1856-61.

Autres ouvrages cités

AD   *Autre déduction des principes de la philosophie positive*, SW XIV, 335-356.

ADdP   *Allgemeine Deduktion des dynamischen Processes* (*Déduction générale du processus dynamique*), HKA I, 8, 349-381.

AdM   *De l'âme du monde*, HKA I, 6, 67-270.

AG   *Aperçu général de la philosophie la plus récente*, HKA I, 4, 58-190.

AM   *Les âges du monde*, SW VIII, 195-344.

ApPN   *Aphorismes pour introduire à la philosophie de la nature*, SW VII, 140-197.

APN   *Aphorismes sur la philosophie de la nature*, SW VII, 198-244.

PhArt   *Philosophie de l'art*, SW V, 353-736.

Bruno   *Bruno*, HKA I, 11, 335-448.

BUD   *Briefe und Dokumente* (*Lettres et documents*), H. Fuhrmans (hrsg), Bonn, Bouvier, 1962.

Clara	*Clara*, SW IX, 1-110.
Concept	*Du vrai concept de la philosophie de la nature*, HKA I, 10, 83-106.
Contribution	*Contribution à l'histoire de la philosophie moderne*, SW X, 3-192.
Cotta	*Schelling und Cotta. Briefwechsel 1803-1849*, H. Fuhrmans u. L. Lohrer (hrsg), Stuttgart, Ernst Klett, 1965.
DM	*Du Moi comme principe de la philosophie*, HKA I, 2, 69-175.
EE	*Erster Entwurf eines Systems der Naturphilosophie* (*Première esquisse d'un système de philosophie de la nature*), HKA I, 7, 63-170.
Exp.	*Exposition de mon système de la philosophie*, HKA I, 10, p. 107-211.
Fernere	*Fernere Darstellungen aus dem System der Philosophie* (*Expositions ultérieures de mon système de la philosophie*), SW IV, 333-510.
GPP	*Grundlegung der positiven Philosophie* (*Fondation de la philosophie positive*), H. Fuhrmans (hrsg), Torino, Bottega d'Erasmo, 1972.
Ideen	*Ideen zu einer Philosophie der Natur* (*Idées pour une philosophie de la nature*), HKA I, 5.
IHC	*Introduction historico-critique*, SW XI, 1-253.
IE	*Introduction à l'esquisse d'un système de philosophie de la nature*, HKA I, 8, 1-86.
Ident.	*Über das absolute Identitäts-System* (Sur le système absolu de l'identité), HKA I, 11, 91-162.
Initia	*Initia philosophiae universae*, H. Fuhrmans (hrsg), Bonn, Bouvier, 1969.
Intro.	*Einleitung in die Philosophie* (*Introduction à la philosophie*), E. Ehrhardt (hrsg.), Stuttgart, Frommannn-Holzboog, 1989.

Leçons inédites   *Leçons inédites sur la philosophie de la mytho-logie*, trad. A. Pernet, Grenoble, Millon, 1997.

Lettres   *Lettres philosophiques sur le dogmatisme et le criticisme*, HKA I, 3, 49-112.

LME   *Leçons sur la méthode des études académiques*, SW V, 207-352.

Max.   *König Maximilian II von Bayern und Schelling*, L. Trost u. L. Leist (hrsg), Stuttgart, Cotta, 1890.

Monument   *Monument de l'écrit des Choses divines de F.H. Jacobi*, SW VIII, 9-138.

Opp.   *Sur l'opposition des nations en matière de philosophie*, SW X, 193-200.

Philo. ratio.   *Exposé de la philosophie rationnelle pure*, SW XI, 255-590.

PhM   *Philosophie de la mythologie*, SW XII, 135-674.

PhMS   *La philosophie de la mythologie de Schelling*, L. Pareyson (ed), Milano, Mursia, 1991.

Plitt   *Aus Schellings Leben. In Briefen*, G.L. Plitt (hrsg), Leipzig, G. Hirzel, 1869-1870.

PO   *Philosophie der Offenbarung 1841/42*, M. Frank (hrsg), Frankfurt, Suhrkamp, 1977.

PR   *Philosophie et religion*, SW VI, 11-70.

PhR   *Philosophie de la révélation*, SW XIII et XIV.

Présentation   *Présentation du véritable rapport de la philosophie de la nature à la doctrine fichtéenne améliorée*, SW VII, 1-130.

Rapport   *Du rapport des arts plastiques avec la nature et autres textes*, SW VII, 289-330.

Rariora   *Schellingiana Rariora*, L. Pareyson (ed), Torino, Bottega d'Erasmo, 1977.

Rech.   *Recherches philosophiques sur l'essence de la liberté humaine*, SW VII, 289-330.

Science   *Sur l'essence de la science allemande*, SW VIII, 1-18.

SdW   *System der Weltalter* (*Système des âges du monde*), S. Peetz (hrsg), Frankfurt, Klostermann, 1990.

SgP   *System der gesamten Philosophie* (*Système de la philosophie complète*), SW VI, 131-576.

SIT   *Système de l'idéalisme transcendantal*, HKA I, 9, 23-334.

Spiegel   *Schelling im Spiegel seiner Zeitgenossen. Philosophica varia inedita vel rariora*, X. Tilliette (hrsg), Torino, Bottega d'Erasmo, 4 vol, Bd. I, 1974 ; Bd. II, 1981, *Ergänzungsband* ; Bd. III, 1988, *Zusatzband* ; Bd. IV, 1997, *Nachklänge*.

Stutt.   *Conférences de Stuttgart*, HKA II, 8.

T   *Philosophische Entwürfe und Tagebücher*, H.J. Sandkühler, M. Schraven (hrsg), Hamburg, Meiner, 1990 (1848), 1994 (Bd. 1, 1809-1813), 1998 (Bd. 12, 1846), 2002 (Bd. 2, 1814-1816), 2007 (Bd. 14, 1849).

Urf.   *Urfassung der Philosophie der Offenbarung*, W.E. Ehrhardt (hrsg), Hamburg, Meiner, 1992.

Vorwort   *Vorwort zu H. Steffens nachgelassenen Schriften*, SW X, 391-418.

W   *Die Weltalter. Fragmente. In den Urfassungen von 1811 und 1813* (*Les âges du monde. Brouillons*), M. Schröter (hrsg), München, C.H. Beck, 1946.

LA VIE DE SCHELLING

Ingenium praecox : c'est par ces mots que le pasteur Schelling salue l'entrée de son fils Friedrich au *Stift*, le fameux séminaire de Tübingen, à l'âge de quinze ans. Le jeune homme, né en 1775 à Leonberg, près de Stuttgart, devait à ce père érudit, lui-même ancien *Stiftler* et orientaliste, d'avoir reçu une éducation très complète (après son séjour au petit séminaire de Bebenhausen, il lira, en plus du français, le grec, l'hébreu et l'arabe), mais aussi d'avoir subi l'influence du luthérianisme souabe, perceptible dès le premier texte que nous ayons conservé de sa main, un bref éloge funèbre d'un familier, le penseur piétiste (et inventeur de la première véritable machine à calculer) Philipp Matthäus Hahn (HKA I, 1, 43-45). Surtout, le pasteur Schelling avait consacré des recherches à Leibniz et développé une théorie de l'organisme comme *manifestatio sui*, qui, avec la fréquentation du voisin Kielmeyer, un des grands biologistes de l'époque, a sans doute déterminé les choix du futur philosophe de la nature.

La vie très réglementée du séminaire et l'enseignement qui y est dispensé n'enchantent guère notre étudiant. Son condisciple Hölderlin dira que Hegel et lui n'envisageraient d'y devenir à leur tour répétiteurs que s'ils étaient « un jour réduits à fendre du bois ou à

vendre du cirage » (Hegel 1962, p. 44). Davantage que
la carrière ecclésiastique, c'est la nostalgie de la Grèce
qui fait battre les cœurs : « nous vivions de véritables
orgies attiques », rapportera un condisciple (*Spiegel* II,
439), tandis que Schelling consacre, lors de sa troisième
année à Tübingen, plusieurs études à Platon, qu'il place,
notamment pour ce qui concerne la plus importante
d'entre elles, dédiée au *Timée*, sous le patronage de Kant
et surtout de Reinhold.

Un seul des enseignants du *Stift*, Carl Immanuel
Diez, un « kantien enragé » (Henrich 1997), marque
véritablement les esprits en formant le projet d'une
philosophie de la révélation et en transposant la doctrine
kantienne de l'autonomie dans les termes de l'appel à
la liberté, à l'égalité et à la fraternité venu de France.
Nombreux sont en effet les étudiants de Tübingen qui
regardent la Révolution française comme « le plus extraordinaire triomphe de la raison et la victoire décisive de
la philosophie » : « il n'était plus question pour nous
d'études théologiques. Ce n'était que balivernes. L'intérêt
suprême de l'entendement résidait dans la science, qui
apprenait aux hommes à être libres et égaux, et à rejeter
tout despotisme, aussi bien dans les choses de l'esprit que
dans celles du monde » (BUD I, 17). Quant à Schelling,
en même temps qu'il rédige dans le cadre du séminaire
deux petits traités sur l'origine du mal et les mythes
de l'Antiquité et une dissertation historico-critique *De
Marcione Paullinarum epistolarum emandatore*, il traduit
la Marseillaise en allemand et se voit accusé d'avoir
établi une liaison avec les armées françaises (Klüpfel
1849, Bd. II, p. 268).

Le duc lui-même sacrifie une journée pour se rendre
au *Stift* et admonester paternellement les étudiants gagnés

aux idées nouvelles. Mais c'est d'autres visites, celles de Fichte en juin 1793 et mai 1794, qui électrisent les esprits.

Si un premier essai proprement philosophique, *Sur la possibilité d'une forme de la philosophie en général*, ne porte qu'assez peu la marque du *Wissenschaftslehrer*, plutôt éclipsé par Reinhold, l'écrit sur le *Moi comme principe de la philosophie* (1795), qui lui fait suite, témoigne dans son titre aussi bien que dans sa forme du désir de « saluer le nouveau héros, Fichte, dans le pays de la vérité » (HKA III, 1, 17). Mais bientôt, l'identification de l'inconditionné à l'être, flagrante dans les *Lettres sur le dogmatisme et le criticisme* (1796), et la conviction, exprimée à la fin du même ouvrage, que « notre esprit se sent plus libre lorsque, quittant la spéculation, il revient aux joies que procure l'investigation de la nature » (*Lettres* 111), indiquent que les préoccupations du jeune Schelling ne sont plus d'ordre strictement transcendantal et qu'il développe une inspiration personnelle : « tu as lancé en silence ta parole dans le temps infini », lui écrit Hegel (HKA III, 1, 32).

Notre philosophe, qui dit très tôt son envie de fuir « ce pays de bigots et de scribes » (HKA III, 1, 43) et envisagera plus tard d'écrire une parodie de son éducation à Tübingen, est le dernier des trois amis à quitter le *Stift* pour devenir, durant l'été 1795, précepteur chez le baron Riedesel. Une *Nouvelle déduction du droit naturel* paraît bientôt (mars 1796), qui radicalise les *Contributions sur la Révolution française* de Fichte en établissant la liberté pratique individuelle en impératif et en faisant reposer le droit sur l'éthique, autrement dit sur le respect de toutes les libertés en général. La découverte pénible que « le pain que l'on mange à la table des nobles a un goût plus amer qu'à la table des bourgeois » (HKA III, 1, 71) explique sans doute l'esprit quasi anarchiste de cet écrit.

Le baron envoie bientôt le jeune homme étudier les sciences à l'université de Leipzig. Celui-ci y découvre la physique, la chimie et la médecine, et s'intéresse tout particulièrement à la science de l'électricité et du magnétisme. Croyant pouvoir donner grâce à elles de la chair à la philosophie transcendantale et offrir du même coup une base à une physique supérieure, il entreprend d'unir en un même système les découvertes de Lavoisier et Galvani aux théories de Brown.

Ce sont donc ses études sur les sciences naturelles qui conduisent Schelling au romantisme et le font remarquer des cercles francfortois, ceux de la famille Brentano, de Caroline von Günderrode et Friedrich von Leonhardi. Mais elles lui permettent surtout d'entrer en contact avec Goethe, au moment où le poète et conseiller secret à la cour de Weimar commence ses recherches en philosophie de la nature, puis d'approcher, durant l'été 1798, le cercle de Dresde, qu'animent les frères Schlegel, Schleiermacher et Novalis. Ce dernier tirera d'ailleurs de sa lecture des *Idées pour une philosophie de la nature* (1797) de quoi alimenter ses *Fragments logologiques* et ses *Poéticismes*.

Cet effort pour approcher la nature de la même façon que la philosophie transcendantale aborde le Moi, à savoir comme pure activité, conduit en un premier temps à poser l'organisme comme la réalité dans laquelle l'intelligence intuitionne sa propre forme (« l'organisation en général n'est représentable qu'en relation à un esprit » : *Ideen* 95), puis à affirmer plus fortement, afin d'interdire toute réduction du vivant au mécanique, que la nature est sujet. Pas plus que le Moi, la nature ne trouve son point de départ dans un objet ou dans un être, mais dans une activité au plus haut point constructive. Quelques années plus tard, Schleiden, Liebig, Griesinger opposeront à cette tentative d'unir la nature et l'esprit leur vision mécaniste de la biologie. La philosophie de la nature schellingienne trouvera cependant dans les travaux de Hans Christian Œrsted sur l'interaction de l'électricité et du magnétisme et de Julius Robert von Mayer sur le principe de conservation de l'énergie (sa *Dynamik des Himmels* enthousiasmera encore Nietzsche) des prolongements immédiats particulièrement féconds. Cette *Naturphilosophie*, qui réclamera bientôt qu'on laisse la nature s'expliquer elle-même et se poser en son autonomie, mérite encore d'être appelée, comme le fera Marx en jouant peut-être sur le sens du mot *phantastisch*, un « fantastique rêve de jeunesse » (*Spiegel* I, 484).

IÉNA. L'UNIQUE SYSTÈME

Peu de temps après avoir rencontré Goethe, Schelling est nommé professeur extraordinaire à Iéna, sans doute à l'initiative du poète, à qui l'université devait d'avoir retrouvé un certain lustre. Cette nomination d'un jeune homme dont le système est encore en cours d'élaboration fera dire à Hegel, avec beaucoup d'exagération, que « Schelling a fait son éducation philosophique sous les yeux du public » et que son œuvre ne contient pas « la suite des différentes parties de la philosophie élaborées successivement, mais la succession des stades de sa formation » (Hegel 1986b, Bd. XX, p. 421). Le *Naturphilosoph* prend en tout cas la succession de Fichte à la veille de la querelle de l'athéisme, querelle dont il rappellera toujours la foncière injustice, sans bien mesurer peut-être que c'est Goethe, davantage que Jacobi, qui en a été le principal instigateur. « Au firmament, quand une étoile se couche, une autre se lève », aurait dit alors l'Olympien (I.H. Fichte 1862, Bd. I, p. 288).

Il est vrai qu'à ce moment de son parcours, Schelling apparaît de moins en moins comme un disciple de Fichte, comme son « majordome intellectuel » ou son « vicaire général » (Jean Paul 1999, p. 766), et il devient visible que, s'il reprend des thèmes et un vocabulaire fichtéens, il laisse de côté le projet de Doctrine de la Science, l'idéalisme transcendantal n'étant plus à ses yeux qu'une science particulière appelée à être complétée par la philosophie de la nature et fondée avec elle dans une philosophie supérieure. La science de l'idéal et celle du réel doivent désormais devenir les deux parties opposées de l'unique système de la philosophie, le *Système de l'idéalisme transcendantal*.

L'ouvrage qui porte ce nom, la seule véritable œuvre achevée que Schelling ait produite, paraît à la foire de Pâques de 1800. C'est le livre d'un homme de vingt-cinq ans et cependant Kant lui-même, lorsqu'il en prend connaissance, ne paraît pas en désapprouver le projet : donner à l'idéalisme transcendantal la forme systématique qui lui manquait (Kant 1936, Bd. XXI, 97). Or cet effort pour articuler philosophie de la nature et philosophie transcendantale en une seule et même construction conduit à édifier un système dont le sujet n'est pas le Moi, mais ce qui se révèle à travers lui : un seul et même *identique* se manifeste grâce ou *par* l'histoire de la conscience de soi (SIT 331 : *durch*). Le parallélisme des deux points de vue que suit le *Système de l'idéalisme transcendantal* laisse pressentir l'existence d'un point infiniment éloigné où ces deux positions apparaîtront dans leur parfaite indifférence. C'est à l'art qu'il revient de réfléchir cet absolument identique qui, dans le Moi, s'est déjà divisé.

Lui seul peut donner un contenu à cette indifférence et faire se manifester « cet éternel Inconscient, qui, tel le soleil éternel du royaume des esprits, se cache dans l'éclat de sa pure lumière » (SIT 299).

Le *Système* sera reçu comme le testament du mouvement romantique. Et pourtant, c'est seulement en 1801, alors qu'il s'éloigne précisément des cercles du romantisme et dit ne plus supporter, chez Novalis notamment, « cette frivolité qui sent tous les objets sans en pénétrer aucun » (HKA III, 2, 510), que Schelling se met à parler pour la première fois en son nom propre. En posant, sous l'influence de Reinhold, qu'on n'accède à l'absolu qu'abstraction faite de celui qui pense, la *Darstellung meines Systems der Philosophie* (*Exposition de mon système de la philosophie*) développe ce qui restera l'unique système de son auteur, et porte la philosophie à un point de vue que ce dernier qualifie lui-même d'absolu et d'« inaltérable » (HKA III, 2, 344). La position de la raison comme indifférence totale du subjectif et de l'objectif précipite la métamorphose de l'idéalisme universel kantien en idéalisme absolu. Les thèses fondamentales de la première philosophie : l'identification de l'inconditionné à l'être, l'affirmation de l'autonomie de la nature et, au terme de l'édification du système de l'idéalisme transcendantal, la détermination de l'absolu comme indifférence apparaissent maintenant comme autant d'étapes menant nécessairement à un « système absolu de l'identité » (*Exp.* 115), faisant apparaître la simultanéité parfaite, la coprésence absolue des choses les unes aux autres.

L'idée force de cette « philosophie de l'Identité » est en effet que tout est absolu, tout est parfait, une fois replacé dans une « éternité de raison » (*Fernere Darstellungen aus dem System der Philosophie* (*Expositions ultérieures du système de la philosophie*) 388. *Identitätsphilosophie* est l'un des noms que la *Contribution à l'histoire de la philosophie moderne* attribuera après-coup au système de 1801, *Contribution* 138). En s'élevant au point d'indifférence du spinozisme et du criticisme, la philosophie se donne la forme d'un système universel, englobant et omni-compréhensif, ou devient, selon l'intitulé du cours du semestre d'hiver 1803-1804, une « Méthodologie universelle et encyclopédie générale des sciences ».

Schelling est alors au sommet de sa notoriété : tandis qu'il se voit décerner le titre de docteur *honoris causa* de l'université de Landshut, la faculté de médecine de Bamberg propose plusieurs questions d'examen incluant des thèses métaphysiques tirées de ses écrits. Cette période de premier accomplissement est aussi la plus féconde de sa carrière et les ouvrages et les cours destinés à défendre et développer la philosophie nouvelle se succèdent : le *Bruno*, les *Fernere Darstellungen*, les *Leçons sur la méthode des études académiques*, la *Philosophie de l'art* ancrent chaque fois plus profondément cette philosophie de l'Un et du Tout dans l'appréhension vivante du monde comme totalité organique. Toutefois, cette quête du « point suprême dans la vision du monde que nous exigeons pour notre parfait contentement : la vie *suprême*, l'existence et l'efficience la plus libre et la plus singulière, sans restriction ou limitation, de l'absolu » (*PhArt* 393) impose à la doctrine de l'Identité un certain nombre d'inflexions importantes, notamment pour ce qui est de la nature de l'absolu, conçu plus nettement à partir du *Bruno* comme identité de l'identité et de la différence, autrement dit comme une unité « qui ne réunit point le fini à l'infini, mais les contient indivis » (*Bruno* 362).

Ces remaniements doivent sans doute beaucoup à l'influence de Hegel, qui affirme dans ses cours que, si Fichte ne conçoit l'identité du réel et de l'idéal que sous la forme d'une exigence, « Schelling élude cette imperfection en érigeant l'absolu, alors qu'on doit forcément le poser comme identité de l'identité et de la non-identité » (Hegel 2004, p. 11). Les deux années qui suivent la *Darstellung* sont en effet marquées par une collaboration entre ces penseurs si fructueuse et si intense, notamment au travers du *Journal critique de philosophie* qu'ils coéditent, que les deux hommes donnent l'impression de développer chaque année une philosophie nouvelle.

Les notes publiées par Rosenkranz montrent cependant que c'est dès 1803, autrement dit bien avant la *Phénoménologie de l'esprit*, que Hegel se détache de son ami : « dans peu de temps sera révélé ce qu'est la philosophie de Schelling en son essence. Le jugement sur elle se tient pour ainsi dire sur le pas de la porte, car nombreux sont ceux qui la comprennent déjà ». La formule renvoie aux *Actes des Apôtres* 5, 9 : « les pieds de ceux qui t'emporteront sont déjà devant la porte » (Hegel 1991, p. 57).

WURTZBOURG – MUNICH.
DE LA PHILOSOPHIE DE L'IDENTITÉ
AUX ÂGES DU MONDE

Au moment où Schelling quitte Iéna pour passer quelques mois à Bamberg, puis s'établir à Wurtzbourg, Schiller écrit qu'« avec lui, la philosophie elle-même a émigré » (*Spiegel* I, 104). Et pourtant, ce premier séjour en Bavière marque le moment où l'étoile de notre philosophe commence à pâlir et où il apparait de moins en moins aux yeux du public comme le génie de l'idéalisme. Nous oserons cependant appliquer à la doctrine qu'il produit à cette époque et dont Jacobi se fera bientôt le plus ardent contempteur, ce que le philosophe de Pempelfort disait lui-même plus généralement, à savoir qu'« à toutes les philosophies sans exception est attaché un miracle : il y a en chacune un lieu particulier, son lieu saint, où le miracle qui lui est propre se produit comme le seul *vrai* miracle, celui qui rend tous les autres superflus » (Jacobi 2009, p. 130). À Wurtzbourg, Schelling expose en effet devant un auditoire nombreux, majoritairement catholique, son « système de la philosophie complète ». Le spinozisme de l'Un et du Tout atteint ici un moment d'équilibre, de perfection sereine et s'apparente plus que jamais à ce « poème composé par la raison elle-même » dont parlera plus tard la copie Paulus (PO 115). La philosophie de l'Identité prend désormais la forme d'un authentique « monothéisme de la raison » (Kuhlmann 1993, p. 285), animé par un véritable enthousiasme rationnel, la raison ayant à répéter cette infinie affirmation de soi de Dieu qu'est l'identité du subjectif et de l'objectif (SgP 151).

Le climat apaisé qui caractérise les dernières pages de la philosophie de l'Identité tient sans doute à la présence de Caroline Schlegel, la grande inspiratrice du romantisme allemand, que Schelling vient d'épouser, le 26 juin 1803, après, semble-t-il, s'être d'abord engagé auprès de sa fille, Auguste Böhmer (en 1802, des publicistes tels que Christian Gottfried Schütz avaient accusé l'apprenti médecin, qui avait entrepris de la soigner, d'avoir assassiné la jeune femme). Caroline dit bientôt ne plus lire « car elle a son prophète qui lui proclame une vérité sortie de la bouche même de Dieu » (Lang 1885, Bd. I, p. 50).

Malgré cette relative sérénité, la période de l'Identité n'en est pas moins une époque de constante polémique : que ce soit Bardili et Reinhold, Berg, Salat et Cajetan Weiller, qui déclenchent en 1803 une campagne de presse qui oblige Schelling à quitter Wurtzbourg, ou que ce soit plus tard Schlegel dans son livre sur la langue et la sagesse des Indiens (1808), nombreux sont les adversaires qui irritent son tempérament irascible en l'accusant d'être panthéiste. Mais c'est surtout du côté de Jacobi que vient la charge la plus violente : les trois lettres qu'il fait paraître en appendice du *Schellings Lehre oder das Ganze der Philosophie des absoluten Nichts* (1803) de son affidé, Friedrich Köppen, tournent contre la philosophie de la nature l'accusation de nihilisme d'abord lancée contre Fichte : la nouvelle doctrine anéantit la conscience, fait sombrer la raison et le savoir et conduit à la mort absolue. Schelling diffère sa réponse de quelques années, laissant s'accumuler la rancœur. Mais *Philosophie et religion*, qu'il rédige quelques mois plus tard en réaction à une prétendue conversion d'Eschenmayer à la doctrine jacobienne, montre à quel point il s'est imprégné, à son corps défendant peut-être, de sa lecture de la *Lettre à Fichte* : en faisant maintenant de l'idéalisme du Moi le signe de notre condition déchue et de l'égoïté le principe universel de la finitude ou le point du plus extrême éloignement de Dieu, il montre ce que sa lecture de la *Doctrine de la science* doit à la fameuse lettre verte.

En 1806, Schelling quitte Wurtzbourg, qui vient d'être cédé au Grand-duc Ferdinand de Toscane, et s'installe à Munich, où Maximilien a entrepris de faire de l'université bavaroise le centre d'une réaction religieuse contre les idées nouvelles. On a pu dire de cette installation dans une Bavière où coexistent non sans mal les tendances les plus opposées : kantisme catholique et piété populaire, administration éclairée et culture romantique, qu'elle a été déterminante pour la direction que sa pensée a prise par la suite et que, si le philosophe était retourné dans le Nord, près de Goethe, Hegel et Schleiermacher, il serait probablement revenu des abîmes de la mystique aux systèmes transcendantaux. Schelling y côtoie cependant Jacobi et surtout Baader, « l'un des plus excitants esprits au monde » au dire de Caroline (Waitz 1970, Bd. 2, p. 420), et prononce devant eux et l'ensemble de l'Académie des Sciences un admirable *Discours sur les arts plastiques*. Ce texte, que Schelling dédie à Goethe et présente comme un hommage que la science rend à l'art en lui offrant ses fruits les plus mûrs (BUD III, 458), est sinon le plus abouti, du moins le plus littéraire des opuscules consacré à la philosophie de la nature : l'œuvre d'art y est représentée comme une manifestation de l'absolu surgie des profondeurs de la nature, portée par « la force cosmique primitive, sacrée, éternellement créatrice, qui produit et crée toutes choses par sa propre activité ». Cette formule, qu'Alexander von Humboldt citera avec faveur, offrira aussi, quatre ans plus tard, à Jacobi un prétexte pour lancer l'une de ses plus fameuses attaques (*Rapport* 293, Humboldt 1845, Bd. I, p. 39, Jacobi 2008, p. 108).

Du fait de sa nouvelle situation à Munich, Schelling se trouve libéré, à sa plus grande satisfaction, de toute obligation professorale. C'est alors qu'il rédige son texte le plus célèbre, les *Recherches sur l'essence de la liberté humaine*, « pour meubler d'un inédit le premier volume de ses *Écrits philosophiques* » (Tilliette 1969, t. I, p. 500). La philosophie de la nature, ayant distingué l'essence en tant qu'elle existe et l'essence en tant qu'elle est fondement de l'existence (*Rech.* 357), a rendu possible la représentation d'une nature en Dieu sous la forme d'une volonté aveugle qui cherche à se porter à l'existence. Cette nature en Dieu est aussi ce qui rend possible l'existence de la créature. En voulant exposer « le concept de la partie idéelle de la philosophie » (*Rech.* 334), Schelling donne ainsi le jour à une philosophie nouvelle, qui non seulement enrichit le concept de liberté (celle-ci repose désormais sur le lien complexe des principes et la possibilité qu'a ce lien de se défaire), mais fait dépendre de lui la notion d'identité elle-même : toute l'ontologie et la possibilité d'énoncer une identité dans un jugement trouvent désormais leur appui dans la spontanéité du vouloir et l'acte par lequel Dieu se décide librement.

Caroline meurt de dysenterie le 7 septembre 1809. Quand il aura à subir la même épreuve, Ernst Bloch se souviendra des mots prononcés par Schelling : « me voici, abasourdi, abattu jusqu'au tréfonds et encore incapable de saisir ma détresse […]. Il me reste l'éternelle douleur que seule la mort éteindra, douleur à jamais adoucie par le souvenir de ce bel esprit, de cette âme combien noble, du cœur le plus intègre, que naguère je puis dire mien au sens plein du terme. Mon éternelle gratitude accompagne cette femme magnifique jusque dans sa tombe prématurée » (*Plitt* II, 174 ; Bloch 2011, p. 50). Il ne reste que l'œuvre à faire pour celui qui se trouve abandonné de tout : « elle est maintenant libre et je le suis avec elle […]. Je promets de vivre et agir désormais pour ce qu'il y a de plus haut, aussi longtemps que je le pourrai. Accomplir l'œuvre que nous avons commencée est peut-être la seule raison que nous ayons de continuer à vivre, maintenant que tout nous a été pris en ce monde : la patrie, l'amour, la liberté » (*Plitt* II, 187).

Même si rien n'est plus vain que de chercher à mesurer les répercussions de la vie sur la pensée, on peut suivre Pareyson lorsqu'il fait l'hypothèse que la perte de l'être aimé explique en partie le changement d'atmosphère qui caractérise les conférences que Schelling prononce bientôt à Stuttgart : à une plus grande accentuation du pessimisme (dans la description du péché par exemple) répond un optimisme eschatologique plus décidé (Riconda 2008, p. 172). Un même balancement anime aussi le *Clara*, ce « second *Phédon* » (Beckers 1865, p. 24), « encore tout embaumé de la mémoire de l'absente » (Tilliette 1999, p. 190-192) et qui, dans sa description de « la puissance universelle et incessante de la mort », retrouve les accents désespérés de la correspondance : « si profonde que soit ma détresse, elle recèle une douceur que je ne voudrais pas échanger contre les joies de tous les autres hommes. Je crois maintenant que nous sommes plus heureux dans la souffrance que dans la joie » (*Clara* 30 ; *Plitt* II, 177).

Schelling s'attelle néanmoins sans tarder à son grand-œuvre, les *Âges du monde*, qu'il présente comme « le fruit de tous ses efforts depuis près de vingt ans » (*Cotta* 87). L'ardeur qu'il met à la tâche lui fait dire avec une étonnante franchise, au moment où il épouse Pauline Gotter : « j'ai vite pris ma décision et, considérant l'importance que je dois attribuer à mon temps, je l'ai presque aussi rapidement mise à exécution » (*Cotta* 76, 16 août 1812). C'est tout juste s'il s'accorde un répit pour répondre aux *Choses divines* de Jacobi dans un « monument » de cet ouvrage. Ce pamphlet d'une violence exceptionnelle, qui est aussi son dernier livre paru, réplique à l'accusation de fatalisme et de naturalisme portée contre la philosophie de l'identité par l'introduction d'une force de développement en Dieu. Dieu doit avoir quelque chose avant soi, à savoir soi-même, pour être *causa sui* : c'est à ce prix que l'on peut maintenir l'inconditionné dans son inconditionnalité tout en trouvant en lui les ressources nécessaires à un vrai commencement.

Sur cette base, la version de 1811 des *Âges du monde* et particulièrement sa première partie, le livre du passé, la seule que Schelling ait entièrement rédigée, mais qu'il fait retirer de l'impression au dernier moment, décrit le fond divin comme animé d'une vie inorganique : l'activité incoercible de cette nature en Dieu constitue le fondement obscur de sa divinité, tandis que l'expression de sa liberté est plutôt mise en forme ou modération de cette vie indissoluble. Les versions ultérieures, celles de 1813 et de 1815, font cependant mieux apparaître que cette productivité inlassable de la vie ne se soutient que de la présence en deçà d'elle d'un sujet, d'un existant : « la science, pas davantage que le sentiment, ne peut se satisfaire d'un Dieu qui n'est pas parce qu'il est l'Être même, qui n'est pas vivant parce qu'il est la vie même, qui n'est pas conscient parce qu'il est pure conscience » (AM 238). Cet effort pour se représenter un Dieu différent de son essence conduit finalement à poser l'identité de l'identité et de la différence comme toujours à venir : l'unité cachée dans les deux principes, l'unité de l'unité et de l'opposition, est posée « plutôt comme à venir que comme présente » (W 90) et tend même, en tant qu'« identité absolue », à s'identifier à l'éternel « pouvoir-être » (T 1814, 25).

En considérant cette gigantesque fresque cosmique et théologique qui tend à embrasser la totalité de la manifestation divine pour en offrir une présentation effective et complète, on est tenté de dire avec Novalis que « vouloir écrire une Bible est ce penchant à la folie

que tout homme se doit d'avoir pour être complet »
(Novalis 1983, p. 491). En vérité, Schelling ne perdra
jamais totalement de vue un tel projet et c'est la lente
décantation, durant au moins une dizaine d'années, de
ce qu'il a conquis à partir de 1810, qui lui permet de
s'engager sur la voie d'un système positif. On peut dire
ainsi sans exagération de toute sa dernière philosophie
qu'elle est une *philosophie des âges du monde* (Fuhrmans
1954).

Après 1812, Schelling cesse de publier et disparaît
totalement de la scène philosophique, accomplissant
mieux qu'il ne l'espérait un vœu formulé un an plus
tôt : « j'aspire toujours davantage à l'anonymat ; si cela
dépendait de moi, mon nom ne devrait plus être prononcé,
quand bien même je ne cesserais jamais d'œuvrer pour ce
dont j'ai la conviction la plus vive » (*Plitt* II, 248). Des
quelques travaux d'érudition auxquels il se consacre,
le plus fameux reste l'opuscule sur les divinités de
Samothrace, dans lequel Eckermann dira avoir découvert
à quoi fait allusion la *Nuit classique de Walpurgis* (Goethe
lui répondant en riant : « moi aussi, j'ai toujours trouvé
qu'il était bon de savoir quelque chose » (Goethe 1988,
p. 383)).

ERLANGEN – MUNICH. VERS LE POSITIF

En 1820, Schelling déménage à Erlangen, Goethe
s'étant opposé à son retour à Iéna, de crainte que le
panthéisme mystique qu'il professe ne soit qu'un
catholicisme déguisé (Tümmler 1962, Bd. IV, p. 200),
mais en évoquant aussi les mânes de « notre vieux
seigneur et maître Benedictus Spinoza », qui savait que
la philosophie ne prospère que dans la paix et le silence

(Goethe 1965, Bd. III, p. 343). Les leçons qu'il y donne, et notamment la fameuse introduction *Sur la nature de la philosophie comme science*, sont la matrice de tout ce qui sera développé par la suite à propos du système du savoir et c'est à ce titre qu'elles retiennent aujourd'hui l'attention des commentateurs. Ces cours n'aboutissent cependant à aucune publication et le texte des conférences sur la signification et l'origine de la mythologie données au même moment est même retiré de l'impression et probablement détruit (*Über Bedeutung und Ursprung der Mythologie, Cotta* 144).

La philosophie de la mythologie devient en effet un des sujets de prédilection de notre auteur, qui lui consacre un grand nombre de cours et de conférences érudites et semble avoir trouvé en elle un débouché à ces *Âges du monde* auxquels il dit toujours travailler. Appelé à Munich en 1826, soit donc quinze ou seize années après la mise en chantier de son grand livre, il décide de rester à Erlangen une année supplémentaire pour finir l'ouvrage, qui ne verra jamais le jour.

Le 15 novembre 1827, Schelling ouvre enfin dans la capitale bavaroise un cycle de leçons, auquel il donne le titre de *System der Weltalter* (*Système des Âges du monde*), tandis que Louis I er, aussi soucieux que son père du rayonnement culturel de son jeune royaume, le nomme président de l'Académie des Sciences. Le roi déclarera plus tard qu'avoir attiré une nouvelle fois le philosophe en Bavière valait « autant qu'une victoire dans une bataille » (Heigel 1897, p. 28).

Or, le moment où Schelling s'installe à Munich est aussi celui où il dit ressentir le besoin de créer une philosophie radicalement nouvelle, de procéder à un autre commencement. Toute la philosophie antérieure, affirme-t-il, et jusqu'à la sienne propre, n'a été qu'un substitut, un succédané de la vraie science : ce que l'on doit vouloir n'étant pas accessible, l'humanité n'a encore reçu qu'une pierre pour du pain (Suphan 1897, Bd. 13, p. 268). Il s'agit cette fois, non pas de changer de système, mais de développer sous la forme d'une science positive ce qui était en germe dans les doctrines antérieures, ou de leur apporter « un plus » (*Intro.* 62).

En réalité, c'est essentiellement à travers la relecture de sa propre œuvre que Schelling se donne les moyens d'élaborer une pensée nouvelle, qui, reprenant les thèmes développés dans les *Âges du monde*, installe le temporel et l'historique au cœur de la philosophie. En revenant sur son propre parcours, il découvre que le développement de la pensée dans son ensemble repose sur l'opposition, en apparence irréductible, entre deux sortes de philosophies, une « philosophie logique » (*Contribution* 157) et une « philosophie historique » (GPP 99), et comprend que, si la philosophie veut être science, autrement dit quelque chose qui met en œuvre une authentique succession, une médiation véritable, elle doit devenir une pensée essentiellement mobile, attentive au mouvement de l'effectivité.

Ainsi, peu de philosophes auront été aussi soucieux que Schelling de leur position dans l'histoire des idées, et plus rares encore sont ceux qui auront donné une image aussi vivante et aussi différenciée de l'histoire de la pensée moderne : sans même qu'elle le sache, la philosophie postkantienne est emportée malgré elle dans un procès nécessaire, comme une plante qui, bien qu'elle ait un pressentiment du point vers lequel elle tend, ne sait pas où la mène sa croissance, où la conduit la pulsion qui la porte, ou bien comme une tragédie dont la pensée fondamentale demeure vivante tant qu'elle n'a pas épuisé toutes ses possibilités (*Rariora* 573, *Spiegel* III, 54). Dans cette succession de systèmes, qu'une même vie produit irrésistiblement sous des formes diverses, ne figure qu'une seule anomalie, un seul moment de stagnation : la philosophie hégélienne. Faute d'avoir proposé autre chose qu'une déduction logique de l'être divin, Hegel n'a pas fait le moindre pas depuis le système de 1801 (*Plitt* III, 113). Jamais il ne s'est fait l'idée d'une science fondée sur la nature de la chose même, sur l'efficacité vivante.

BERLIN. LA DERNIÈRE PHILOSOPHIE

La restauration catholique et féodale triomphant en Bavière après la révolution de juillet 1830 et la renaissance culturelle initiée par Louis Ier s'engageant déjà sur la voie du déclin (sans que Lola Montez y soit donc pour quelque chose), Schelling accepte avec soulagement une nomination à Berlin et s'attelle, en échange d'un salaire de six mille thalers, triple de celui de Hegel, à la tâche que Frédéric-Guillaume IV lui confie : arracher les « dents de dragon du panthéisme hégélien » (*Plitt* III, 36). À la mort du philosophe, le roi dira que sa venue à Berlin aura été parmi les événements les plus heureux de son règne (*Spiegel* II, 276).

Le 15 novembre 1841, le philosophe prononce un célèbre discours d'ouverture, qui reste un des grands événements de l'histoire de l'université allemande, le dernier en tout cas du XIXe siècle : « je suis Allemand, j'ai porté et éprouvé en mon cœur tout le malheur et toute la peine comme tout le bonheur et le bien de l'Allemagne, et c'est pourquoi je suis ici, car le salut des Allemands est dans la science... » (PhR XIV, 367). Seule une science qui comprend la réalité à partir d'elle-même offre le « moyen de guérir la déchirure de notre temps » et seule une « philosophie forte », « qui pénètre dans l'effectivité, non pour la détruire, mais pour en capter la force » peut s'opposer à l'hégélianisme (PO 4 ; PhR XIII, 11). Hegel s'est en effet montré incapable de produire la philosophie positive que l'époque réclame, faute de pouvoir accomplir « le pas difficile dans l'effectivité », et sa doctrine n'a été qu'un « wolffianisme pour notre temps » (*Préface à Cousin*, SW X, 212). Le mélange fallacieux de positif et de négatif qu'il a développé l'a alors conduit à se représenter Dieu comme « un principe qui, de manière nécessaire, à travers les négations successives de tout être déterminé, se présente à la fin comme le pur néant » (PhR XIII, 270). Ravaisson, le seul disciple important qu'ait eu Schelling, ne trahira donc pas l'esprit des leçons de Berlin en formulant cette accusation en termes de nihilisme (Schneider 2004, p. 95-98).

Cet effort pour « étendre » la philosophie à partir d'une nécessité présente dans la philosophie même (PhR XIII, 145) ne suscite guère l'intérêt des contemporains et Schelling détourne bien vite de lui la plupart de ses auditeurs (Bakounine, Kierkegaard, Engels, Burckhardt, Liszt). Il apparaît même à beaucoup comme l'incarnation de la réaction politique et religieuse : « les esprits de la terre opprimée se remuèrent, le sol trembla, la révolution éclata, et, sous Schelling, le passé avec ses intérêts traditionnels fut reconnu de nouveau, même indemnisé, et dans la nouvelle restauration régnèrent les émigrés grisonnants qui avaient toujours intrigué contre le règne de la raison et de l'Idée, le mysticisme, le piétisme, la légitimité, la sentimentalité, le romantisme » (Heine 1972, p. 312).

Malgré un épisodique regain d'intérêt (en 1843, le catalogue de la foire de Pâques contient une trentaine de titres consacrés à la confrontation des philosophies hégélienne et schellingienne : Beneke 1994, p. 230), la philosophie de Schelling est tombée dans l'oubli. Quand, six ans plus tard, le philosophe lui demande s'il va rééditer ses œuvres, Cotta répond qu'aucun de ses livres n'a été demandé en dix ans (*Cotta* 249). Du philosophe de Leonberg ne demeure que la légende et, après trente années sans rien faire paraître, « on parlait d'une retraite mystique, on racontait comment les invités étaient conduits à travers de sombres jardins jusqu'à une pièce où ils attendaient que des portes s'ouvrent sur un vieil homme en frac, solennel, pareil à un magicien » (*Spiegel* I, 444). Jamais l'image d'un philosophe épris de positivité et susceptible de produire un jour « un système qui serait assez fort pour supporter l'épreuve de la vie » (*Urf.* 3) ne supplantera vraiment dans l'esprit de ses contemporains celle d'un théosophe ou du génie du romantisme.

LES DERNIÈRES ANNÉES

En 1835, Schelling devient à Munich le précepteur du prince héritier, le futur Maximilien II. La correspondance qu'échangent les deux hommes après le départ à Berlin est le dernier témoignage dont nous disposons sur l'activité philosophique de notre auteur et laisse apercevoir quelques linéaments d'une philosophie de l'histoire jamais rédigée, où les préoccupations d'ordre religieux prennent largement le pas sur les considérations politiques : le contenu de la Révélation devenant « toujours plus universel, toujours plus conceptuel », la vérité divine est, nous dit-on, appelée à « se transformer en connaissance générale, en fondation pour la première Église libre et universelle » (*Max.* 244). Cette certitude qu'une « religion de la liberté » est sur le point d'apparaître, qui, « sans contrainte limitative, sans autorité extérieure de quelque type que ce soit, subsiste par soi-même, parce que chacun y vient volontairement et que chacun lui appartient par sa conviction propre, en tant que son *esprit* y a trouvé une patrie » (PhR XIV, 328), sera le dernier mot d'un philosophe qui, à l'instar de Joachim de Flore aussi bien que de Lessing, n'aura cessé d'affirmer la liberté de l'esprit.

Schelling achève sa carrière de professeur comme il avait commencé la dernière période de son enseignement, en donnant des cours sur la philosophie de la mythologie. En 1846, il quitte définitivement l'université après avoir perdu un procès contre Paulus, un cousin et ennemi de longue date, partisan au demeurant d'un rationalisme religieux intransigeant, qui avait fait imprimer sans son consentement ses cours sur la philosophie de la Révélation. Il meurt le 20 août 1854, suivi presque aussitôt par Pauline.

On a pu dire de Schelling qu'il était l'étoile du matin qui brille avant le lever du soleil hégélien et l'étoile du soir qui resplendit encore quand celui-ci a disparu (Hartmann 1875, p. 428). Nous préférons cependant nous rappeler qu'à la fin des années 1830, notre philosophe s'était lié d'amitié avec le fils de Hegel, Immanuel, qui assistait à ses cours à Munich et qu'il avait très directement influencé le théisme spécultaif d'Immanuel Hermann Fichte, renouant ainsi autour de lui les fils de l'idéalisme allemand.

LA PENSEE DE SCHELLING

LA PHILOSOPHIE DU MOI

La philosophie du Moi qui se construit à partir de 1795 tend à montrer que l'égoïté, dans son absoluité et sa pureté, est identique à la raison, que la forme de son développement est la forme même de la rationalité. Elle conduit très vite à reconnaître que la philosophie, le système universel de la raison, doit être un système historique.

L'inconditionné. L'essentiel du système fichtéen, ramené à sa forme première, est l'affirmation que la philosophie ne peut partir que de l'inconditionné (*das Unbedingte*), autrement dit de ce qui ne peut absolument pas être pensé à titre de chose (*Dinge*). Le verbe *bedingen*, qui signifie à la fois conditionner et rendre chose, contient à lui seul « presque tout le trésor de la vérité philosophique » (DM 89).

Le dogmatisme se contredit lui-même dans son principe en présupposant une chose inconditionnée et en l'identifiant à Dieu. Il ne voit pas que l'expression *unbedingtes Ding*, chose inconditionnée, est contradictoire en soi. La philosophie, si elle veut atteindre un Absolu qui soit non seulement inconditionné, mais aussi « purement et simplement inconditionnable », doit se placer au-dessus de tout ce qui relève du domaine objectif, de tout ce qui est conditionné, dépendant, non libre. Elle doit partir du Moi (DM 87).

Le Moi. Pour que la philosophie soit une science, elle doit partir d'une proposition qui lie nécessairement sa forme et son contenu. Moi = Moi est cette proposition fondamentale que réclame la philosophie, c'est-à-dire une proposition de fond radicalement inconditionnée dont le contenu est identique à sa position (*Sur la possibilité d'une forme de la philosophie en général*, HKA I, 1, 279).

La tâche que Jacobi assignait à la philosophie, révéler et manifester l'existence, signifie donc découvrir dans le Moi pur le pur être absolu. Dans l'identité immédiate et éternelle que représente ce Moi, la philosophie trouve son Un et Tout. « Je suis ! », « Je suis parce que je suis » : le Moi a le caractère d'une puissance-de-soi inconditionnée (DM 90). Le Moi est le « point ultime de réalité, duquel tout dépend, d'où procède tout ce qui donne forme et consistance à notre savoir, qui sépare les éléments et assigne à chacun le cercle de son efficace dans l'univers du savoir » (DM 85). Eriger l'identité Moi = Moi en principe revient alors à soumettre la philosophie à une exigence d'intelligibilité et de transparance absolues.

Le monde. La philosophie a pour principe suprême le Moi en tant qu'il est posé par liberté, en tant que son essence est liberté. À l'opposé, l'objectivité est le produit d'une liberté qui ne peut se reconnaître elle-même. L'être est un obstacle. Il doit *être conçu négativement, comme ce qui s'oppose à l'affirmation de soi du Moi.* Nous qui sommes sujets créons un monde qui nous transforme en objets. L'État en est un exemple : il est notre création, mais traite les êtres libres « comme un système d'engrenages » (BUD I, 69).

Ce monde, en tant que tout de la finitude, est une *Erscheinung*, une apparition dont la réalité dépend de l'emprise que j'ai sur elle. En tant que tel, il appartient au Moi et reçoit de lui ses lois : le monde est ma propriété morale et c'est ma liberté qui le maintient « dans les limites de l'apparition » (*Nouvelle déduction du droit naturel*, HKA I, 3, 140).

Son but final est son annulation en tant que monde. On n'atteint l'Un et le Tout que dans la dissolution des objets. La négation des objets et l'annulation de soi du moi fini sont en même temps l'exposition de l'absolu. Elles ne peuvent être en tant que telles qu'indéfiniment approchées. La tâche qui incombe au Moi est une tâche infinie : « produire dans le monde ce qui est effectif au sein de l'infini » (DM 175).

L'absolu. L'intuition intellectuelle qui me donne accès au Moi est en réalité une expérience ambiguë, que la liberté doit interpréter. Je peux évaluer cette expérience de deux façons : ou bien je deviens identique à l'absolu, ou bien c'est l'absolu qui s'identifie à moi. J'ai donc à choisir ma destination parmi les possibilités que me proposent les deux grands systèmes entre lesquels la philosophie hésite, le dogmatisme et le criticisme : ou bien anéantir toute causalité en moi, ou bien m'efforcer à l'ipséité immuable. C'est face à l'absolu que je me découvre moi-même et c'est l'effort que je fais pour acquérir la liberté de l'esprit qui donne une réalité au savoir que j'ai de moi (*Lettres* 76).

L'art est là pour me rappeler qu'il existe une troisième possibilité : lutter contre la puissance objective qui menace ma liberté, « et ainsi périr » (*Lettres* 107 ; Kirscher 1977, p. 211). Le faux criticisme moralisant qui a succédé à Kant me détourne frauduleusement de ce conflit tragique.

Dans la défaite, je découvre que je ne suis rien, que seul l'absolu est. En même temps, je me découvre absolument libre. La tragédie est l'affirmation simultanée de l'absolu et de la liberté. La liberté humaine s'affirme dans la défaite. Quand l'homme tragique reconnaît la toute-puissance de son destin, il reconnaît sa liberté. Il découvre qu'il n'est pas seulement fini, mais que l'infini s'affirme en lui.

L'esprit. Cette « simultanéité absolue », cette union originaire du fini et de l'infini ne peut apparaître que dans un esprit (AG 87). Seul ce qui est authentiquement vivant peut mettre en accord les opposés sans que leur médiation prenne la forme d'un passage de l'un à l'autre. L'esprit est originairement infini en tant qu'il est sujet absolu et devient fini en tant qu'il a à devenir pour soi-même objet. Il est « un monogramme de la liberté construit à partir d'infini et de fini » (AG 124). À une intuition intellectuelle réellement active ne peut correspondre un Moi substantiel, mais un esprit agissant.

Dans son *Aperçu général de la philosophie la plus récente* (1797), Schelling reprend à Fichte sa conception dynamique de l'esprit, entendu comme synthèse interne de tendances opposées, l'activité réflexive consciente et l'activité productive inconsciente. Le propre d'un esprit est de ne pouvoir s'intuitionner que dans son activité, ou plutôt dans des activités contradictoires. Alors que Fichte regardait l'activité inconsciente comme accidentelle, uniquement liée à l'existence en nous d'une imagination productrice, Schelling la pose comme nécessaire, essentielle au Moi. Celui-ci se dégage alors du seul domaine de la conscience de soi.

Une analogie doit pouvoir s'établir entre ces activités réelle et idéale et les deux forces fondamentales dont Kant, dans les *Premiers principes métaphysiques d'une science de la nature* (1786), postulait l'existence au sein de la matière, les forces expansive et compressive, l'une tendant à l'infiniment grand, l'autre à l'infiniment petit. Attraction et répulsion peuvent se déduire de la structure même de l'intuition. Les forces qui animent la matière et la vie sont aussi les deux pôles de l'activité de l'esprit. La possibilité d'une philosophie de la nature tient à cette équivalence.

L'inconscient. La plus noble activité est celle où l'on n'est pas conscient de soi. Toute création consciente suppose un créer inconscient, dont elle n'est que le déploiement et l'explicitation. Un des premiers théoriciens de l'inconscient, Carl Gustav Carus (1789-1869), donnera alors pour but à la science de l'âme de « retrouver l'inconscient dans le conscient », pour autant qu'il nous relie au reste du monde (Carus 1846, p. 1).

L'intelligence produit de deux manières, soit aveuglé-ment et inconsciemment, soit consciemment et librement. « Inconsciemment productive, elle l'est dans l'intuition du monde, consciemment, elle l'est dans la création d'un monde idéel » (IE 29). La philosophie lève cette opposi-tion en montrant que ces deux activités ont la même racine et sont primitivement identiques. « La philosophie démontre cette identité de manière immédiate à même une activité qui est à la fois consciente et inconsciente de façon totalement indissociable et qui s'extériorise dans les productions du génie ; de manière médiate en dehors de la conscience dans les produits de la nature, puisqu'on perçoit toujours en eux la plus parfaite fusion de l'idéel et du réel » (*ibid.*).

Si la nature produit inconsciemment ce que le Moi pense consciemment, la philosophie transcendantale, qui subordonne le réel à l'idéal, et la philosophie de la nature, qui explique l'idéel à partir du réel, sont deux sciences d'égale dignité. Un système de l'idéalisme transcendantal devient possible qui pousse jusqu'au bout ce parallélisme de la nature et de l'intelligence. Sa présentation complète ne peut être fournie que par ces deux sciences « éternellement opposées, et qui jamais ne peuvent se fondre en une seule » (SIT 25).

L'histoire de la conscience de soi. Fichte a montré que tout savoir doit être déduit du Moi, mais sans vraiment dire comment le monde objectif et l'histoire sont posés par lui. Il faut aller au-delà des limites de la conscience de soi pour répondre à cette question et donner à la philosophie transcendantale une base certaine. De cette ambition naît le premier système philosophique de l'idéalisme allemand, le *Système de l'idéalisme transcendantal.*

Comme l'inconditionné, qui porte toujours le nom de « Moi », s'identifie désormais à un esprit conscient de lui-même qui se connaît par objectivation de soi, il incombe à la philosophie transcendantale de retracer l'histoire des différents états à travers lesquels cet esprit parvient à l'intuition de soi. « Ce qu'est le Moi, on n'en fait l'expérience qu'en lui donnant naissance » (SIT 62).

Retracer les étapes de cette auto-objectivation veut dire reconstituer les époques à travers lesquelles le Moi devient son propre objet. L'histoire de la conscience de soi est l'histoire des différentes époques à travers lesquelles l'esprit parvient à la pure conscience de soi, selon une distribution : matière, sensation, mouvement mécanique, organisme, qui donne son contenu à l'idéalisme transcen-dantal. Sur son versant théorique, cette histoire comporte trois époques : de la sensation originelle à l'intuition productive, de l'intuition productive à la réflexion et de la réflexion à l'acte absolu du vouloir, lequel fait la transition de la théorie à la pratique (AG 109).

La philosophie transcendantale est « par nature dirigée vers ce qui vit et devient, car elle est génétique dans ses premiers principes » (AG 129). Elle fait voir comment l'esprit croît et devient « en même temps que le monde » (*ibid.*). Elle retrace l'histoire de la conscience de soi, cette médiation infinie qui fait apparaître l'identité du sujet et de l'objet. Par rapport à cette histoire, qui donne à l'exposition de l'idéalisme, autrement dit au système, son contenu, « ce qui est sédimenté dans l'expérience ne sert pour ainsi dire que de mémorial et de document » (SIT 25). La nature est le hiéroglyphe dans lequel nous pouvons lire l'Odyssée de l'esprit (SIT 328) et peut-être découvrir avec Bloch, au lieu d'un passé sclérosé, une esquisse utopique : « la nature n'est pas une ruine refroidie, mais l'architecture d'un drame qui n'a pas encore été joué » (Bloch 1959-1978, t. V, p. 1601).

La philosophie pratique. De même que, dans la philosophie théorique, un univers entier se développe à partir de l'acte originaire de la conscience de soi, un autre monde sort du second acte, celui de la libre auto-détermination.

Le commencement de la philosophie pratique se trouve en effet dans un acte radicalement original d'auto-détermination, irréductible à toute la nature, un acte de la raison représentée dans la volonté absolue, l'acte d'abstraction, condition première de toute réflexion et de toute action pratique.

Cette fois, une activité idéelle apparaît, qui permet au Moi de réfléchir sur ce qui prend naissance. Dans le premier acte, seul ce qui était objectif devenait objet pour le Moi, alors que, dans le second, c'est l'acte originaire dans son ensemble qui le devient. Rien dans l'élément de la production ne permettait au Moi intuitionnant de devenir vraiment objet à soi-même : avec le Moi pratique, la production devient enfin consciente et prend pour la première fois la forme d'un véritable réaliser. Le second acte est donc un acte de volonté par lequel le Moi se connaît comme intuitionnant ou, plus exactement, le vouloir est l'action par laquelle l'intuitionner lui-même est intégralement posé dans la conscience.

Or, je ne m'élève à la conscience du monde et à la conscience de ma liberté que par la reconnaissance d'autres intelligences. L'éducation, la détermination réciproque des volontés, en me subordonnant à la volonté d'autres individus comme à ma volonté propre, me permet de devenir un moi (SIT 248). C'est parce qu'il y a des intelligences hors de moi que le monde devient en général pour moi un monde objectif. L'influence permanente ou l'action réciproque des êtres rationnels, consciente et inconsciente, ouvre un espace à la liberté. En ce sens, l'éducation, puisqu'elle est la condition de la permanence de la conscience, n'est jamais terminée.

Le droit. Si chaque Moi gardait constamment présent à la conscience que l'agir des autres Moi est la condition de possibilité de sa propre liberté, il limiterait son agir en fonction de la possibilité de l'agir libre de tous les autres. Une contrainte doit donc réprimer la tendance égoïste de chaque individu. C'est l'établissement d'une telle contrainte sur l'activité objective du Moi, sur sa tendance naturelle, qui donne son statut au domaine juridique. L'établissement de rapports de droit est la condition qui permet au vouloir de devenir objectif pour le Moi : sans le droit, il n'y aurait pas à proprement parler d'individu conscient.

La tâche de la philosophie du droit est une tâche transcendantale : expliquer pourquoi le Moi se perçoit en permanence comme un sujet libre. L'autodétermination du Moi pratique requiert un ensemble de médiations concrètes, l'organisation d'une seconde nature qui puisse garantir la pérennité de la conscience de soi. Pour contraindre en permanence le Moi à se penser en interaction avec les autres sujets libres, il faut organiser non seulement la société, mais la nature elle-même en tant qu'elle est le medium neutre des actions humaines et le lieu relativement inerte et indifférent de l'action réciproque entre les intelligences.

Ainsi une constitution juridique doit organiser le monde extérieur de façon à ce que la tendance égoïste soit mise en contradiction avec elle-même dès l'instant où elle menace de supprimer la liberté d'autrui. La tâche d'établir un « âge d'or du droit » où tout arbitraire a disparu donne une orientation et une rationalité à l'histoire (SIT 282). La constitution juridique est l'œuvre de la liberté pour la liberté, mais elle est en même temps une forme de Providence aveugle fonctionnant comme une machine qui échappe aux hommes qui l'ont construite.

Or seule une fédération des États est à même de garantir à chacun d'eux la subsistance de sa constitution. Seul un aréopage universel des peuples, devant lequel les États acceptent de régler leurs différends, permettra qu'ils soient mutuellement garants les uns des autres.

Comment cependant les États pourraient-ils sortir de l'état de nature dans lequel ils se trouvent les uns à l'égard des autres si le concept même d'histoire ne renfermait celui d'une nécessité « qui ajoute objectivement à la liberté ce qui par elle seule n'aurait jamais été possible » (SIT 285)? Une vision providentialiste de l'histoire qui en fait la révélation progressive de l'absolu, s'impose. Or, comme l'absolu se révèle continûment sans se fixer dans aucune réalité, le processus historique ne prendra jamais fin et l'idéal demeurera un « éternel article de foi » (SIT 291). De toute façon, un état absolu de la raison serait aussi ennuyeux qu'une pièce où n'apparaîtraient que des êtres parfaits (AG 190). Seule la religion, le système de la Providence, nous donne une première représentation de ce que serait l'harmonie de la liberté et de l'intelligence.

L'esthétique. Nous pressentons maintenant l'existence d'un point infiniment éloigné où, pour la première fois, nous serons en présence de la réalité absolue. Or « nous ne pouvons nous représenter aucun temps où la synthèse absolue, c'est-à-dire, pour nous exprimer empiriquement, le plan de la Providence, serait complètement développée » (SIT 300). Nous n'en avons que des prémonitions, celles que ménage l'art, lorsqu'en créant un monde idéal, il donne à pressentir cette troisième période de l'histoire où Dieu sera.

Dans le produit de l'art, l'absolu « ajoute le non-visé à ce qui avait été commencé avec conscience et à dessein » (SIT 315). L'intuition esthétique fait voir l'accord dans l'intelligence du subjectif et de l'objectif, de l'activité consciente et de l'activité inconsciente, en un seul et même phénomène (SIT 318). Ce sont les produits d'une même activité qui, au-delà de la conscience, nous apparaissent comme un monde réel et, de ce côté de la conscience, nous apparaissent comme un monde idéal ou comme monde de l'art (SIT 327).

L'art résout une contradiction infinie en l'homme, il réunifie les tendances divisées de l'esprit. Il rend concevable le phénomène entier de notre existence. Il est le grand miracle, l'unique miracle de toute l'histoire, qui, se serait-il produit une seule fois, nous convaincrait de la réalité de l'absolu. L'esthétique est donc « la science qui nous montre l'accès à la philosophie entière » (AG 129 n.), à la condition cependant que, là où l'art était, la science finisse par advenir (SIT 323).

L'œuvre de génie naît de l'unité parfaite et de la pénétration réciproque de la force inconsciente primitive de la nature et de l'activité réfléchie et consciente. Elle opère une synthèse de la nature et de la liberté sous la forme d'une infinité sans conscience. « Le génie est pour l'esthétique ce que le Moi est pour la philosophie » (SIT 319).

Le génie produit librement, mais son activité s'impose à lui avec nécessité. En cela, il est comparable à l'homme de la fatalité : son activité a inévitablement une dimension tragique dans la mesure où une puissance cachée le force à présenter des choses dont le sens est infini et qu'il ne peut pénétrer lui-même complètement. À travers son produit, il fait apparaître l'identité de la nature et de la liberté et inscrit l'absolu dans le fini.

En cela, il est comparable à l'homme tragique des *Lettres sur le dogmatisme et le criticisme* : « cette identité immuable qui ne peut accéder à aucune conscience et qui ne transparaît qu'à travers le produit, est, pour celui qui produit, ce que le destin est pour l'homme qui agit, à savoir une force obscure et inconnue qui ajoute à l'œuvre fragmentaire de la liberté la perfection ou l'objectivité. Et de même que l'on appelle destin cette puissance qui, à notre insu, voire contre notre volonté, réalise par notre agir libre des fins non représentées, de même on désigne par le concept obscur de *génie* cette réalité inconcevable, qui ajoute l'objectif au conscient sans l'intervention de la liberté et même d'une certaine manière à l'encontre de cette liberté dans laquelle se fuit éternellement ce qui est uni dans cette production » (SIT 316). Le génie réalise dans la production d'une œuvre d'art ce que l'homme tragique accomplit dans la défaite et dans la mort. En lui, l'immuable identité sur laquelle repose toute existence lève enfin son voile.

Schelling relativise cependant presque aussitôt l'importance du *Système de l'idéalisme transcendantal*. Dans l'intitulé du cours du semestre d'été 1801 par exemple, ce dernier n'apparaît plus que comme une propédeutique au système de la philosophie complète. En même temps que l'idéalisme transcendantal perd son statut de science première, la philosophie de la nature devient la « science de la raison ou de la faculté de connaissance », la véritable *Critique de la raison pure* (*Présentation* 33).

LA PHILOSOPHIE DE LA NATURE

La philosophie de la nature est l'essai le plus remarquable que Schelling ait mené pour prouver que la raison n'est pas un idéal, un au-delà. Dans certains êtres naturels, elle apparaît comme effective, immédiatement existante. Ainsi, l'organisme est un produit naturel qui se présente comme une idée réalisée, comme la raison rendue visible. Il incarne la forme de l'unité rationnelle par opposition à toute unité d'entendement et manifeste que la nature n'existe vraiment qu'en tant qu'idée. Seule une science qui va au-delà « des tableaux et des registres » peut en appréhender l'essence (BUD I, 70).

La philosophie de la nature récuse donc toute approche qui, comme celle de Fichte, n'introduirait la rationalité dans la nature que de l'extérieur, pour la rendre utile et utilisable, et ne s'en ferait qu'une conception allégorique et instrumentale (*Présentation* 106). Elle proclame la rationalité et la réalité inconditionnée de la nature et fait d'elle une source de vérité à part entière : « venez à la physique et reconnaissez le vrai » (ADdP 365).

La nature et l'esprit. « Le monde extérieur se tient ouvert devant nos yeux pour que nous retrouvions en lui l'histoire de notre esprit » (AG 110). La philosophie transcendantale voulait que les structures et les caractéristiques qui se découvrent dans le sujet existent également du côté de l'objet. En montrant que l'organisation de notre esprit trouve son répondant dans chaque organisme vivant aussi bien que dans la connexion systématique globale des objets, la première philosophie de la nature de Schelling pense en reprendre directement l'héritage. La nature non seulement exprime, mais réalise les lois de notre esprit.

C'est bien ce que Kant voulait dire : « les lois de la nature sont des modes d'action de notre esprit », elles sont « les conditions sous lesquelles seulement notre intuition est possible », « la nature n'est rien de différent de ses lois, elle est seulement une action continue de l'esprit infini » (AG 79). L'idée de la nature et l'idée du Moi sont une seule et même idée. Le système de la nature est identiquement le système de notre esprit. À travers toute la nature domine une seule et même pulsion active, qui tend à exprimer à l'infini un seul et même archétype, « la forme pure de notre esprit » (AG 114).

En vérité, la philosophie de la nature ne cherche pas à établir une correspondance terme à terme entre le mouvement de la nature et celui de l'esprit, mais, comme le dit Hegel, à retrouver « dans la nature les mêmes schématismes, le même rythme qui s'accomplit dans le monde idéal » (Hegel 1975, p. 2069). Un même *Bildungstrieb*, une même pulsion de formation transit la nature et l'esprit et détermine les rythmes propres de l'idéal et du réel.

En tant que productrice, la *natura naturans* est une réplique de l'esprit : en elle, vie et savoir se développent conjointement, jusqu'au point où l'intelligence s'intuitionne dans l'organisme. Une telle intuition n'est possible que dans une nature organisée, car une nature non-vivante, entièrement mécanique, n'aurait rien à dire à la pensée. Dans l'organisme apparaît la correspondance parfaite du naturel et du spirituel. « Comme il existe dans notre esprit un effort infini pour nous organiser nous-mêmes, il faut aussi que se manifeste dans le monde extérieur une tendance générale à l'organisation » (AG 113). L'esprit est une nature qui s'organise elle-même, qui est cause et effet de soi. Dans chaque organisme particulier comme dans l'organisme universel, la vie naturelle est l'image de la vie intellectuelle.

« La nature doit être l'esprit visible, et l'esprit la nature invisible » (*Ideen* 107). En 1798, le poids de la phrase est encore du côté de l'esprit, du transcendantal et l'on rapporte que Schelling récitait dans ses cours ce vers du *Faust* : « Esprit sublime, tu m'as donné, tu m'as tout donné » (Tilliette 1999, p. 78). Une évolution ne tarde cependant pas à se faire jour. La philosophie transcendantale, qui trouve d'abord dans la philosophie de la nature une application (*Ideen* 61), puis un complément

(SIT 32 n.), cherchera bientôt en elle un fondement (*Exp.* 96 ; Marquard 2002, p. 99 n.).

Le dépassement de l'idéalisme. Cette lecture de Kant qui aboutit à faire de la nature le miroir de notre esprit n'aurait bien sûr jamais vue le jour si Fichte, en faisant se dissiper le mirage de la chose en soi, n'avait rendu possibles « la jouissance et l'exploration » libres de la nature (*Lettres* 111). « Notre esprit se sent plus libre lorsque, quittant la spéculation, il revient aux joies que procure l'investigation de la nature » (*ibid.*).

Mais, alors que la philosophie de la nature ambitionnait initialement de réconcilier la *Doctrine de la science* avec l'effectivité, elle ne tarde pas à faire apparaître la distance considérable qui s'est creusée avec Fichte. Ce dernier ne voyait dans la nature qu'une limite, celle que l'esprit s'oppose pour se déterminer. Elle n'avait du point de vue de l'idéalisme aucun contenu réel, elle était seulement notre image. Pour Schelling, même si la construction de la matière se déduit des conditions de l'activité du Moi, l'esprit ne peut jamais être sans la nature. Caroline le constate immédiatement : « la philosophie de la nature est ce par quoi ton idéalisme est devenu autre chose que le sien » (HKA III, 2, 327).

L'identité du fini et de l'infini que la philosophie transcendantale avait prise pour principe devient la source d'une physique dynamique. Mais, alors que Fichte plaçait l'opposition et l'identité du Moi et du non-moi à l'intérieur du Moi et se représentait le monde comme « un être statique » (*Présentation* 79), la philosophie de la nature replace cette identité et cette opposition dans le non-moi, de sorte que la nature apparaît maintenant comme un auto-déploiement dialectique.

Schelling propose bientôt d'oublier la malheureuse tentative fichtéenne de déduire du droit naturel l'organisme et ses conditions de vie (air, lumière) : « tout mode d'explication idéaliste, étendu de son domaine particulier à celui de l'explication de la nature, dégénère dans le non-sens le plus extravagant : on en connaît les exemples » (IE 31). Très vite aussi, il désavoue les conclusions auxquelles aboutit la *Doctrine de la science*, à savoir que la nature peut seulement être trouvée comme quelque chose de fini et d'achevé, incapable de se construire soi-même et que, si en elle l'idéal égale le réel, c'est selon les lois immanentes de l'intelligence et non selon les siennes propres (HKA III, 2, 1, 276). C'est la haine de la nature qui empêche Fichte d'en proposer une construction effective (*Présentation* 11).

Attraction et répulsion. Loin de réduire la matière à l'étendue comme le faisait Descartes, Kant avait entrepris de construire métaphysiquement la matière à partir de la polarité de l'attraction et de la répulsion. Schelling étend aux formes supérieures de la matière la construction que Kant limitait à ses forces élémentaires. « Qu'une matière ait en général quelque chose de réel, c'est à la force répulsive qu'il faut l'attribuer, mais que cet élément réel apparaisse dans telle ou telle limite et sous telle ou telle forme, c'est à partir des lois de l'attraction qu'il faut le comprendre » (*Ideen* 224 ; Bloch 1972, p. 218).

Ce jeu de forces opposées s'applique aussi bien à la totalité de la matière qu'à la totalité de l'esprit. Les caractères des différents objets naturels dépendent de la plus ou moins grande prépondérance de chacune d'entre elles. La matière représente le maximum d'expansion pour un minimum d'attraction, l'esprit le maximum d'attraction pour un minimum d'expansion. Les forces d'attraction et de répulsion sont les forces fondamentales de l'intuition aussi bien que celles de la nature. La force d'expansion produit l'espace, la force d'attraction produit le temps. Sujet et objet sont la forme universelle aussi bien de la matière que du Moi, contrairement à ce que croyait Fichte, qui affirmait que le Moi seul est pour lui-même.

La matière, en tant que *primum existens*, est constituée par deux forces, qui en déterminent les différents états (chimie, électricité, magnétisme, gravitation) : A, la force attractive, et B, la force expansive. Dans le corps, la force répulsive est l'objectif, la force attractive est la force subjective, qui le retourne vers soi. Cependant, nulle part dans l'effectivité, ces deux forces ne sont posées dans un équilibre parfait, sans prédominance relative de l'une sur l'autre. Dans la matière, ces deux forces sont posées simultanément, mais sous la prédominance du pôle objectif. D'où la notation que Schelling en propose : $A = B + (Exp.\ 148)$.

Le premier chapitre du second livre des *Idées pour une philosophie de la nature* porte ce titre très explicite : « De l'attraction et de la répulsion en général comme principes d'un système universel de la nature ». La force expansive juxtapose les choses, elle les pose l'une à côté de l'autre et tend à se développer à une vitesse infinie. Si cette force était sans limite, la nature ne serait qu'une vacuole, une béance infinie. La force d'attraction est la force retardatrice. Si elle était sans limite, la nature serait un absolu être-à-l'intérieur ; elle se réduirait à un point. La nature ne peut être ni l'un, ni l'autre. Elle hésite entre l'absolue évolution et l'absolue involution, et cela en un sens éminemment vivant et dynamique

(EE 266). « L'expression universelle de la nature est l'identité dans la dualité et la dualité dans l'identité. Toutes les oppositions dans la nature se ramènent à une seule opposition originaire. Si, dans cette opposition, il n'y avait pas à nouveau *unité*, la nature ne serait pas un tout subsistant en soi-même. À l'inverse, si, dans cette unité, il n'y avait pas à nouveau dualité, la nature serait repos absolu, absolue inactivité. On ne peut donc penser la nature sans division, ni division sans unité, et l'une doit continuellement émerger de l'autre » (EE 355).

Tous les phénomènes qu'étudient les théories de la lumière, de la chaleur et de l'électricité se ramènent à une différence de degré entre les forces antagonistes ou, plus généralement, à l'existence de la polarité et du dualisme dans la nature.

La pesanteur. La troisième catégorie, qui représente l'unité des deux premières dans la matière, est la pesanteur. La pesanteur est la première puissance de la nature, qui réunit en elle attraction et expansion et les pose pour la première fois comme étantes. Elles ne peuvent être posées objectivement qu'ensemble.

La pesanteur est le *prius* de la nature, la condition première de toute existence corporelle. Elle est le phénomène le plus originaire et le principe fondamental de toute construction des phénomènes naturels. Comme l'affirme en même temps Baader, elle ne relève d'aucun moindre être, mais elle est un principe actif, une véritable force de pesanteur (*Schwerkraft*, Baader 1798).

Elle est le fondement de la réalité des choses et de leur durée, mais aussi le principe de leur finitude et de leur isolement les unes par rapport aux autres. C'est elle qui fait que « par nature toute chose s'enfonce en elle-même » (GPP 423). La pesanteur tend à donner à chaque chose une particularité, mais elle est aussi la cause de sa fragilité et de son impermanence (Vetö 2000, t. II, p. 319).

La pesanteur précède la lumière comme son principe à jamais ténébreux et s'enfuit dans la nuit quand la lumière se lève (*Rech.* 358). Kant lui-même la comptait parmi les arcanes de la nature, que l'on peut décrire, mais pas comprendre. La pesanteur se comprend comme quelque chose d'incompréhensible : on ne la voit et ne la connaît qu'en tant qu'on ne la voit et ne la connaît pas. On lui doit le caractère universel de la nature, qui est d'être quelque chose de « visible-invisible » (*Urf.* 524 et 130 ; Kant 1994, p. 163 n.).

La lumière. La deuxième puissance est la lumière, qui rend la matière pénétrable. La naissance de la lumière ouvre le règne de la nature, comme la naissance de l'esprit ouvrira celui de l'histoire. Elle est le principe idéal qui, au cours du processus dynamique (magnétisme, électricité, chimisme), refoule la pesanteur « dans la nuit éternelle » et tente de ramener en soi-même cet être extérieur à soi qu'est la matière (*Exp.* 163). Elle est l'apparition de l'idéal dans la nature, la première lueur de l'idéalisme.

Le rayon lumineux est déjà vision par lui-même. Il est la vision originaire, l'intuition. La lumière est l'intuition interne de la nature, la pesanteur son intuitionner externe. « Mais là où tout est lumière, rien au fond n'est lumière, car cet élément ne devient visible qu'au contact des choses réelles » (AG 101). Toute la nature repose sur le conflit de la pesanteur et de la lumière. La pesanteur désigne l'identité en tant qu'elle est son propre fondement. La lumière est l'identité en tant qu'existante. La pesanteur donne un fondement et une persistance aux choses, la lumière est la cause de leur forme et de leur être propre.

L'une est le fondement de l'identité absolue, l'autre en est la manifestation. L'une homogénéise, l'autre diversifie.

La lumière est le devenir même, le symbole d'une création intarissable (EE 220). « La pesanteur fuit devant la lumière et se cache, honteuse, mais, pénétrée par la lumière, elle en conçoit et enfante des formes magnifiques, et puis s'élance vers elle en de chaudes effusions d'amour » (SgP 408). C'est dans cette fuite même que la pesanteur donne appui et consistance aux créations de la lumière. « Toute naissance est naissance de l'obscurité à la lumière. La graine doit être enfoncée dans la terre et mourir dans les ténèbres afin qu'une forme lumineuse plus belle s'élève et se déploie sous les rayons du soleil » (*Rech.* 360).

Les deux aspects de la nature s'identifient dans un troisième élément, l'organisme. Sous l'action de la lumière, la matière perd son autonomie et, à mesure que la lumière la pénètre davantage, une succession ordonnée de totalités organiques se dépose. Cette auto-construction de la matière et des phénomènes primitifs dans la nature reçoit le nom de « processus dynamique ».

Le processus dynamique. La matière n'est en vérité qu'une force originelle en mouvement. Sa construction s'effectue à partir des trois forces du processus dynamique, le magnétisme, l'électricité et le chimisme. La gradation de ces forces explique la complexité croissante des organisations naturelles. Mais, à partir de la deuxième puissance, chaque moment apparaît comme la reproduction à une puissance supérieure de ce qui s'est produit dans la première. Un même schème d'intelligibilité se réitère à différents niveaux.

« L'état originel de la nature, nous devons le penser comme un état d'identité générale et d'homogénéité (un sommeil général de la nature) » (EE 229). Avec la rupture de cette unité naît une duplicité de forces. « La cause qui a versé dans la nature la première étincelle d'hétérogénéité a aussi versé en elle le premier germe de la vie, et ce qui est source d'activité dans la nature y est aussi source de vie » (*ibid.*). Le magnétisme est la première expression de cette polarité des forces, où la productivité se trouve limitée par l'opposition originaire. « Quand le magnétisme a apporté dans la nature la première opposition, par là-même était également posé dans l'univers le germe d'une évolution infinie, le germe de cet émiettement infini en de toujours nouveaux produits » (EE 262). Avec l'électricité, l'opposition apparaît empiriquement sous la forme d'une alternance d'expansions et de contractions. Avec le procès chimique (le galvanisme), l'alternance devient indifférence et l'individualité anorganique reçoit la forme de la totalité.

La métamorphose semble être le mot du procès chimique. Les corps tenus pour simples, qui sont les substances originaires de la terre, sont tous des dérivés du fer, qui viennent au jour à travers une métamorphose originaire. « L'eau est le métal le plus totalement dépotentialisé, c'est-à-dire un métal dépourvu de toute puissance se déployant au-dehors, et avec elle commence une deuxième métamorphose dirigée en sens inverse, que l'on a appelé le processus chimique. Ce que l'on appelle décomposition et recomposition de l'eau est le modèle et le schéma fondamental de toutes les autre décompositions et recompositions. La matière est dans son ensemble une seule et même chose et seule la puissance développée à partir d'elle grâce à la suppression des contraires, la différencie [...]. Précisément parce que tout est développement, rien n'entre en elle de l'extérieur » (BUD I, 240).

La vie. Avec l'apparition de la vie, le même schème est repris sous un autre rapport : « la nature produit toute la multiplicité et la diversité qualitative de ses produits dans le monde inorganique au moyen uniquement d'un mélange du magnétisme, de l'électricité et du procès chimique sous différents rapports. Mais, dans le monde organique également, la nature ne fait que répéter les trois fonctions de la sensibilité, de l'irritabilité et de la tendance à l'organisation » (ADdP 363). Au magnétisme universel correspond la sensibilité dans le monde extérieur ; à l'électricité correspond l'irritabilité ; l'instinct formateur dans la nature organique est la puissance supérieure du processus chimique. Hegel réduira ce parallélisme à un simple « jeu de l'analogie » (Hegel 1975, p. 2064).

Avec la vie, il est maintenant parfaitement manifeste que le positif vient d'abord et détermine le négatif : la vie n'est pas un produit ou une propriété de la matière animale, mais c'est, à l'inverse, la matière qui est un produit de la vie. La plante n'a pas de vie, elle n'est que le processus vital négatif. Seul l'animal est véritablement vivant : il possède la vie en lui-même, parce qu'il produit sans cesse le processus vivant (AdM 185).

La nature n'est jamais absolument organisée : « la vie est un combat continuel de l'organisme pour son identité » (EE 333). Les influences du monde extérieur troublent l'équilibre de l'organisme, qui répond de manière dynamique. Un échange entre l'intérieur et l'extérieur s'établit, qui empêche l'organisme d'atteindre une forme plus haute, mais qui demeure nécessaire à l'entretien de la vie. « La vie se forme par la contradiction de la nature, mais elle s'éteindrait d'elle-même si la nature n'entreprenait pas de la combattre. La nature finit à vrai dire par succomber à elle, toutefois elle ne succombe pas à l'assaut extérieur, mais plutôt au manque de réceptivité pour l'extérieur. Si l'influence contraire à la vie venue du dehors sert à maintenir la vie, il faut à nouveau que ce qui semble le plus favorable à la vie devienne non-réceptivité absolue pour cette influence, le fondement de sa ruine. Ainsi l'apparition de la vie est-elle paradoxale encore dans sa cessation » (EE 305).

L'idée d'une corrélation entre l'organisme et le monde extérieur comme activité entravée trouvera un prolongement immédiat dans les philosophies de l'*Umwelt* de Jakob von Uexküll et Ernst von Baer, le fondateur de l'embryologie. L'excitabilité étant le caractère fondamental du vivant, l'organisme ne réagit pas face aux forces anorganiques comme celles-ci réagissent les unes aux autres, mais comme un sujet, comme un soi.

L'organisme. Au pôle de la matière correspond l'être, au pôle de la lumière correspond l'activité. La troisième puissance, où être et activité s'égalisent, où lumière et matière se trouvent liées et rendues indifférentes, est l'organisme. Dans l'organisme, la matière est totalement pénétrée par la forme. Alors qu'elle s'opposait à la lumière, elle ne fait maintenant plus qu'un avec elle. Dans l'organisme, l'être est immédiatement activité : il est l'esprit visible, la raison objective, la raison en tant qu'elle devient pour soi-même objet.

Comme celle de Whitehead, la philosophie de Schelling pourrait s'appeler philosophie de l'organisme. Kant avait reconnu que l'organisme ne pouvait être déduit des lois particulières de la physique, mais il avait refusé de lui attribuer d'autre réalité qu'idéale. Schelling, en lui conférant un statut ontologique spécifique et en le replaçant au cœur de la physique, donne à la philosophie de la nature postkantienne son objet propre.

Dans l'étude d'un corps organisé, il ne sert à rien de séparer la matière du concept et d'imaginer que la forme provient de la réflexion de la faculté de juger. En lui, « les deux sont originairement et nécessairement unis, non dans notre représentation, mais dans l'objet même » (*Ideen* 95). Il faut appeler l'unité organique unité du concept, au sens d'une unité non seulement logique, mais effective. L'organisme nous apprend ce qu'est un concept, car là où il y a relation nécessaire des parties avec le tout et du tout avec les parties, il y a concept.

L'organisme se produit lui-même et surgit à partir de soi : en lui, se manifeste avec la plus parfaite évidence l'identité de la cause et de l'effet. Dans l'organisme, l'être de la nature comme nature se trouve exposé. L'organisme se donne sa propre figure, il se reproduit, se rapporte à soi : il est la seule *causa sui* et, pour tout dire, la seule réalité. « La nature inorganique en tant que telle n'existe pas » (*Exp.* 205). Toute la nature est organisée. Même les forces physiques élémentaires portent en elles le principe de la vie. L'organique s'oppose au mécanique comme le chaud au froid, comme la lumière à l'obscurité (AdM 69). Sur le concept de grandeur négative se fonde une conception unitaire de la nature.

L'organisme existe pour lui-même, il a son concept en lui-même, il est sujet-objet. Son existence est la démonstration en acte de l'idéalisme transcendantal et peut-être même l'occasion d'un dépassement définitif du projet critique : dans l'organisme, la raison est là, réelle, présente à l'univers entier.

L'homme. Le corps humain est l'organisme en général, le miroir de l'univers, un modèle pour tout ce qui vit : en lui, la nature se parachève et se récapitule. « De même que la plante se termine dans la fleur, de même la terre entière se termine dans le cerveau de l'homme, qui est la fleur suprême de l'ensemble de la métamorphose organique » (*Exp.* 210).

En l'homme, l'être resplendit pour lui-même. Dans sa conscience, la matière finit de devenir entièrement lumière, tout le devenir de la nature se concentre. « Chez toutes les autres créatures n'apparaissent que des fulgurations isolées de l'être, tandis que chez l'homme seul apparaît dans toute sa plénitude l'être sans fissure : il nous est non pas permis, mais enjoint de ne voir la nature en sa totalité que dans l'homme. Mais, précisément parce qu'elle y rassemble tout en un seul point, elle récapitule aussi toute sa diversité et elle refait pour la deuxième fois, mais avec moins d'ampleur, le chemin qu'elle avait parcouru dans toute son extension » (*Rapport* 305).

En lui, $A = B$ est le réel, l'inconscient, le principe obscur, la pesanteur, la nature, le cœur ; A^2 est l'idéal, la lumière, le pôle de la conscience de soi, l'esprit ; A^3 est le lien du réel et de l'idéal, l'âme.

L'homme est « le problème patent qui court à travers toute philosophie » (*Ideen* 105). Il est « tout entier un être que la morte nature a affranchi de sa tutelle et livré au danger de ses propres forces (en conflit les unes avec les autres) » (AG 116). Avec lui, la productivité de la nature ne se fige plus en un produit. Avec l'homme, le danger entre dans le monde, car tout en lui a le caractère de la liberté : « sa durée est un risque toujours renaissant, toujours surmonté, un risque auquel il s'expose par sa propre impulsion et dont il se sauve lui-même à chaque fois » (*ibid.*). La tâche d'une « anthroposophie » ou de ce qu'on appellera l'anthropologie serait de montrer que l'homme est le but de la nature pour autant qu'il est déterminé à la dépasser en lui-même (SgP 488; Steffens 1822, Bd. I, p. 14 : « le sentiment qui nous plonge dans la plénitude de la nature […] est le fondement de l'anthropologie »).

L'âme du monde. La réciprocité parfaite de la matière et de la forme fait de chaque organisme l'image de la nature absolue. Or l'organisme unique et véritable n'est pas l'être vivant particulier, mais le tout. Comme le dira encore Whitehead, le vivant n'est qu'un cas particulier du caractère organique universel : l'organisme n'est pas une propriété des natures individuelles, mais les objets naturels sont, à l'inverse, « autant de limitations et d'optiques particulières de l'organisme général » (AdM 189; Whitehead 1994, p. 128, 136).

La série des êtres organiques se forme par développement progressif d'une seule et même organisation. Un grand organisme embrasse à la fois les natures organique et inorganique : ses deux côtés sont traversés par une seule et même vie qui organise la matière en l'individualisant à l'infini.

L'univers est animé par un principe organisateur unique qui assure la continuité des mondes organique et inorganique, tout en maintenant la diversité de ces niveaux : l'âme du monde, qui circonscrit le cercle universel de l'organisme à l'intérieur duquel le monde se maintient. Elle est la cause finale qui tempère la dualité originaire des forces et empêche la nature de se transformer tout entière en vie. Elle est le principe formateur du système du monde, qui donne à la nature le caractère que Fichte réservait au Moi, celui d'être un système existant en soi.

L'inconditionné dans la nature. On ne connaît donc la nature qu'en tant qu'elle est active. On ne peut philosopher sur un objet qui n'ait été entièrement transformé en activité. La science de la nature se délivre de l'« empirisme inimaginatif » dont parlera Whitehead quand elle reconnaît dans la productivité primitive intarissable de la nature le véritable inconditionné qui, de l'intérieur, donne son unité au tout (IE 33).

La nature n'est pas un ensemble de choses, mais une activité qui se pose elle-même comme produit. Son état originel est une fluidité primordiale « hostile à toute forme et précisément pour cela encline à la formation », un continu absolu qui se rapproche du « μὴ ὄν des anciens physiciens grecs » (EE 282 et 91). Ce que l'empirisme a pris pour différentes espèces n'est que l'ensemble des points d'existence figés de sa productivité inlassable. En posant la nature comme une production infinie qui devient et se recrée en permanence, Schelling donne au romantisme les fondements philosophiques de sa conception d'un univers fluide, dynamique en tous ses aspects : « qui pourrait sans une profonde émotion contempler dans la totalité du monde ce courant éternellement actif et fécondant qui déborde sur ses rives, brise ce qui momentanément le contient, mais pour s'introduire ailleurs, sans jamais y séjourner, ni y être assujetti ? » (APN 198)

La pure productivité ne peut apparaître dans l'expérience, à moins qu'un point d'entrave ne la ralentisse et n'introduise une discontinuité dans le flux ininterrompu de la vie. La nature « réclame l'absolu et s'efforce continuellement de l'exposer » (EE 102). Mais une résistance est nécessaire pour que tout soit posé de manière expresse.

Produit et productivité. L'individu n'est pas source de mouvement, il est un point de repos, un point d'arrêt de la nature, un produit qui entrave l'activité originaire infiniment productive. Il est une productivité en conformation (*Gestaltung*), une productivité en train de passer dans la forme (IE 54). Il n'est donc jamais quelque chose de figé : ni une pure productivité ni un pur produit.

Alors que l'être est continuité parfaite, pure productivité, ce qui est est de manière discontinue. De ce ralentissement naît la duplicité de la nature. Le produit étant lui-même actif, le courant productif, lorsqu'il se heurte à des obstacles, se différencie en tourbillons. Tout est pris dans une métamorphose infinie. La vie primordiale de la nature est une alternance de contractions et d'expansions. Il n'y a qu'une seule force, un seul pouls, un jeu alterné d'entraves et d'efforts.

Une seule pulsion traverse la nature et la contraint à produire de la régularité. La concentration dans un produit fini de la productivité infinie de la nature permet la première présentation d'une infinité idéelle. En lui, l'infini se concentre sans s'épuiser. Mieux même : à mesure qu'elle l'entrave, la création de produits finis entretient la productivité inépuisable de la nature.

Chaque chose naturelle est une forme, une figure qui rend perceptible une certaine proportion dans le jeu des forces. Mais la pulsion déborde chaque produit fini et la réduit à une simple apparence. « Aucune subsistance d'un produit n'est simplement pensable sans qu'il soit constamment reproduit. Le produit doit être pensé comme anéanti à chaque instant et à chaque instant à nouveau reproduit » (IE 45). Jacobi découvrira bientôt ici les prémisses de la philosophie de l'identité et ce qui fait d'elle un nihilisme : si toute chose singulière est en même temps créée et détruite, la nature ne conçoit que des produits apparents et l'univers tout entier se métamorphose en pur néant (Jacobi 1868, p. 28).

La notion de procès. Jamais pourtant Schelling ne désavouera l'acquis de ses recherches, à savoir la découverte que le processus naturel doit se lire à partir de la prédominance graduelle, mais constamment contestée, que le sujet acquiert sur l'objet, ni son corolaire, c'est-à-dire une conception de l'objectif débarrassée des connotations traditionnelles de passivité et d'abstraction.

L'objet, qui s'oppose activement à toute forme stable et qui, loin d'être indifférent, refuse obstinément de se laisser transformer par l'esprit, reçoit sa vraie détermination de fondement. Aussi l'identité intérieure de la nature et de l'esprit prend-elle la forme d'« une unique ligne continue qui, dans l'une des directions, aboutit à la prédominance de l'objectivité, dans l'autre à la suprématie décisive du subjectif sur l'objectif ; ce n'est pas qu'au point extrême l'objet y puisse être complètement supprimé ou anéanti, car il demeure plutôt toujours au fondement même de ce qui s'est alors totalement métamorphosé en subjectivité, mais seulement que l'objectif s'est retiré dans l'obscurité en regard du subjectif, est en quelque sorte devenu latent, de même que dans les corps transparents la matière opaque n'a pas disparu parce qu'ils sont transparents, mais s'est seulement muée en clarté » (*Exposé de l'empirisme philosophique*, SW X, 229).

Dans la reconstruction de sa pensée qu'il proposera à la fin de sa vie, Schelling attribuera à sa philosophie de la nature la découverte d'une méthode progressive et processuelle véritablement neuve et révolutionnaire : « l'idée de procès est le pas que la philosophie moderne a fait en avant et ce qui constitue, non pas dans le matériel des propositions [...], mais dans la méthode même, la véritable essence de la philosophie allemande » (*Préface à un écrit de Victor Cousin* (1834), SW X, 221). Il est vrai que Schelling est le premier à avoir introduit en philosophie le terme de procès : la suite d'altérations et de retours à soi qui caractérise le processus chimique détermine également le cours du monde, qui se plie à un rythme d'éloignements et de recentrements successifs.

Plus exactement, la philosophie de la nature fait du principe de polarité, déjà mis en avant par Herder, le lien spirituel qui garantit l'unité profonde des phénomènes naturels, en tant qu'il se manifeste à l'identique à toutes les échelles, et de l'idée d'intensification ou de *Steigerung* ce qui en détermine la gradation. Chaque partie résume ou récapitule l'ensemble des parties inférieures.

Pour décrire ce procès de la nature et faire apparaître l'identité intérieure et essentielle qui demeure sous toutes les formes ou puissances de sa transformation, la philosophie de la nature emprunte beaucoup, notamment dans ses dernières formulations, à l'idée goethéenne de métamorphose (*Ideen* (*Zusatz*), SW II, 314). Elle défend en même temps l'idée d'une unité de composition semblable à celle que développe Geoffroy Saint-Hilaire dans sa *Théorie des analogues* et ramène la diversité de la nature à une loi d'unité interne : c'est la répétition d'un seul et même type fondamental qui explique, du fait des rapports sans cesse modifiés à travers lesquels il se fait jour, la production des différentes espèces.

Mais l'on trouve finalement assez peu de choses dans la philosophie de la nature schellingienne qui annonce des thèses évolutionnistes et son influence sur Spencer par exemple (par l'intermédiaire de la *Theory of Life* de Coleridge) sera très limitée.

Malgré l'éloge que Haeckel fera de la philosophie de la nature (Haeckel 1874, p. 88 : « rien n'approcha autant que la philosophie de la nature, si décriée pourtant, de la théorie de l'évolution fondée par Darwin »), plutôt que de donner lieu à une pensée évolutionniste, l'idée de nature comme totalité équilibrée se prolongera en une cosmographie ou une rêverie de la Terre chez Steffens, Karoline von Günderode et Alexander von Humboldt, lequel rendra hommage à Schelling au début de son *Kosmos*. La philosophie de la nature avait en effet pour projet de s'achever dans une « histoire générale de la Terre » qui aurait retracé son « procès dynamique général » (*Vorbericht und Anmerkung zu einer Abhandlung von Dr. Steffens*, HKA I, 8, 387-388 ; Tang 2008, p. 117).

Encore que le procès qui met en mouvement la nature ne soit pas à proprement parler une évolution, puisqu'il ne relève pas du temps empirique et que toutes les puissances de la nature sont en fait absolument simultanées, il est, comme y insiste Steffens, le plus fidèle disciple de Schelling, la base d'une histoire à venir : « non seulement la nature nous porte, mais elle nous traverse intérieurement ; elle domine chaque moment de l'existence […] et ensuite seulement l'histoire semble dominer » (Steffens 1840, Bd. IV, p. 296).

Le passé de l'esprit. La nature est le passé de l'esprit, la préhistoire oubliée de l'intelligence. Sans elle, nous ne pourrions nous situer dans notre devenir. Aussi devons-nous laisser son procès se reproduire dans notre esprit ; nous devons la laisser s'expliquer en nous.

L'esprit, qui, dans l'être pensant, se sépare des organismes naturels, doit se souvenir qu'il s'est formé au même rythme qu'eux. Comme nous ne sommes pas de purs esprits et tirons notre histoire derrière nous, une anamnèse est nécessaire pour faire apparaître la nature comme le substrat qui la supporte. Une réminiscence doit nous faire retrouver la direction même « que la nature a prise », car la nature, « avec toutes ses sensations et intuitions, est pour ainsi dire une intelligence figée » (ADdP 365). « Si toute la nature se potentiait jusqu'à la conscience ou bien si, des différentes étapes qu'elle parcourt, elle ne laissait rien subsister derrière elle, aucun vestige, il lui serait impossible à elle-même de se reproduire dans la raison dont la mémoire transcendantale, comme chacun sait, doit être rafraîchie par les choses visibles. L'idée platonicienne selon laquelle toute philosophie est réminiscence, en ce sens, est vraie : toute philosophie consiste en un ressouvenir de l'état dans lequel nous étions un avec la nature » (*ibid.*). Dans les *Idées pour une philosophie de la nature* (1797), l'unité de la nature et de l'esprit était pressentie comme une unité seulement à venir : la nature devait (*soll*) être l'esprit visible, l'esprit de la nature invisible. À partir de 1800, elle apparaît comme une origine dont le philosophe doit exhumer les traces.

Quand il pose que l'égoïté se retrouve à tous les degrés de l'être, Schelling répond par avance à une objection que Fichte formulera bientôt : « si la nature est le produit de l'intelligence, comment l'intelligence peut-elle être à son tour, sinon par un cercle manifeste, le produit de la nature ? » (Fichte 1979, p. 421). Il n'y a pas de cercle, mais une direction privilégiée : « nous pouvons aller dans des directions tout à fait opposées – de la nature à nous, de nous à la nature, mais la *vraie* direction pour celui qui place le *savoir* au-dessus de tout est celle que la *nature elle-même* a prise » (ADdP 366).

L'idéalisme de la nature. À travers l'histoire de la conscience de soi, le processus par lequel la nature se potentie ne fait que se poursuivre et c'est seulement aux frontières de la nature que l'idéalisme surgit. L'idéaliste est donc fondé à dire que la raison crée tout à partir d'elle-même. Ce qu'il ignore, c'est que la nature prépare déjà de loin les hauteurs qu'elle atteint dans la faculté suprême et que la philosophie de la nature, qui « fait surgir pour la première fois le point de vue de l'idéalisme », a par conséquent la primauté (*Concept* 95). La philosophie de la nature, en faisant apparaître, au terme de la potentiation de la nature, une activité idéale, donne « une explication physique de l'idéalisme » (ADdP 364). La nature nous introduit d'elle-même à la philosophie. L'idéalisme trouve son fondement dans la volonté la plus expresse de la nature : que l'homme se détache d'elle librement, qu'il devienne idéaliste.

C'est dans la conscience de soi de l'homme que la nature tout entière trouve sa vérité ultime et acquiert une consistance, une réalité stable. Le Moi est la puissance supérieure de la nature. C'est elle qui force le philosophe à prendre son objet à la plus haute puissance, en tant que Moi. « L'homme n'est pas idéaliste seulement aux yeux du philosophe, mais aux yeux de la nature elle-même » (*ibid.*). Sans le savoir, la philosophie ne fait que suivre le mouvement d'idéalisation de soi de la nature. « Cet idéalisme se réduit lui-même à son tour à une apparence ; il devient lui-même quelque chose d'explicable – et ici s'effondre la réalité théorique de l'idéalisme » (*ibid.*). La philosophie de la nature réalise donc la genèse du point de vue de l'idéalisme. « Il y a un idéalisme de la nature et un idéalisme du Moi. Celui-là est le plus originel, celui-ci est déduit » (*Concept* 88).

L'autonomie de la nature. Le philosophe de la nature regarde la nature comme le philosophe transcendantal regarde le Moi, c'est-à-dire comme « un inconditionné » (EE 78). Mais, si l'idée de la nature est aussi absolue que celle du Moi, il n'y a pas d'autre choix que de la considérer comme indépendante du Moi.

La nature se donne à elle-même sa propre sphère, toutes ses lois sont immanentes. Elle est donc sa propre législatrice : il y a autonomie de la nature. Tout ce qui se passe en elle peut s'expliquer par les principes actifs et moteurs qui reposent en elle. Elle se suffit donc à elle-même : il y a autarcie de la nature. Ces deux déterminations se ramènent à une seule : la nature a une réalité inconditionnée (EE 81). Le philosophe doit donc seulement poser la nature dans son indépendance et la laisser se construire par elle-même. La nature qui se construit ne peut pas errer (*Concept* 100 ; Whitehead 1998, p. 67).

La science est donc la soumission inconditionnée à la nature, l'effort pour ne former avec elle qu'une seule et même chose. La vérité est l'être et l'être (ou la nature) est la vérité. Le savant n'a d'autre tâche que de libérer le vivant de ce qui trouble la présentation de son essence et en confond les traits (*Présentation* 103, 108).

L'accomplissement du rationalisme. Schelling a élevé la nature à l'idée. Les hégéliens lui en reconnaîtront le mérite, malgré l'impuissance de la nature à tenir fermement le concept dans sa réalisation : « que la nature soit identique à l'esprit, en tant que l'un et l'autre sont des idées, cela est certain. En cela, Schelling a parfaitement raison » (Rosenkranz 1843, p. 106).

Schelling verra dans sa philosophie de la nature l'accomplissement du rationalisme. Même si des lectures généreuses lui prêteront une théorie de la perception qui nous découvre une ontologie « qu'elle est la seule à pouvoir nous révéler » et qui nous fait coexister avec la nature pour autant que celle-ci perçoit en nous (Merleau-Ponty 1994, p. 64), il appellera la philosophie de la nature sa *Critique de la raison pure* : en décrivant comment le connaissant, « conduit par tous les moments et toutes les phases de son aliénation (descente dans l'objectif), se redresse finalement dans le Moi », en montrant que c'est dans ce Moi qu'il possède toutes les puissances ou tous les concepts des choses en soi, cette philosophie a donné une force et une signification vivante à ces concepts qu'il fallait replacer à la fin de la nature au lieu de les transplanter artificiellement au commencement, « où ils se tiennent vides et misérables comme chez Hegel » (*Plitt* III, 134).

Cette philosophie, qui semble avoir intéressé la postérité moins pour sa rigueur que pour les libertés qu'elle prend avec la systématicité (elles feront dire à Peirce que sa philosophie est celle de Schelling transformée par la science moderne (Putnam 1997, p. 106)), aspirait à se prolonger en philosophie de la raison vivante, en philosophie de l'identité. Son principe : « les choses de la nature signifient et, en même temps, elles sont », chaque chose naturelle porte en soi-même son sens, sa signification est son être même (SgP 571), fera voir toute sa fécondité quand cette identité parfaite du réel et de l'idéal en chaque chose se trouvera portée à l'absolu. Plus tard, une philosophie de la mythologie et une philosophie de la révélation tournées vers le positif trouveront encore en lui leur point de départ.

LA PHILOSOPHIE DE L'ABSOLU

La philosophie de la nature mène d'elle-même à une philosophie de l'identité. En faisant apparaître que tous les êtres ont la forme du sujet-objet, que les facteurs idéal et réel se lient en eux de façon absolument complémentaire, que toute chose porte en elle-même son sens, la science de la nature élève les produits singuliers jusqu'à l'idée, jusqu'au point où ils ne font qu'un (LME 324).

Telle est la loi fondamentale de l'identité : le monde du sujet et celui de l'objet ne peuvent subsister isolés l'un de l'autre. La réversibilité du réel et de l'idéal est parfaite : une même force s'épanche dans la masse de la nature et dans le monde de l'esprit, et la différence des formes qu'elle reçoit ne tient qu'à la nature de la résistance qu'elle rencontre dans ces deux domaines, selon qu'on se place sous la prédominance du réel ou de l'idéal. Monde réel et monde idéal ne s'opposent pas plus qu'un précipité et un sublimé (*Exp.* 167).

La vie bienheureuse s'atteint alors dans l'intuition du point d'unité parfaite où Dieu apparaît inséparé de la nature. « La science dirige pour ainsi dire immédiatement le sens vers cette intuition qui, alors qu'elle ne cesse de s'élaborer, conduit directement à l'identité avec soi-même et par-là à une vie véritablement bienheureuse » (*seliges Leben*, LME 238). La félicité n'est pas à chercher dans l'agir tourné vers l'extérieur et une progression sans fin, mais dans un retour à l'identité intime avec l'absolu. Elle s'obtient par la grâce plutôt que par les œuvres (SgP 563).

L'identité. L'anamnèse que décrivait la *Déduction générale du processus dynamique* ramenait le Moi au point où il ne fait qu'un avec la nature. L'autoposition de soi subjective Moi = Moi n'apparaissait plus alors que comme la puissance dérivée, dont il faut faire abstraction, d'une identité plus décisive, A = A.

Fichte décrivait l'objet comme ne se soutenant que de la spontanéité de la subjectivité pure, Schelling nie à son tour le sujet pour se placer au point de vue de leur indifférence absolue. Le foyer du sens n'est ni dans la pensée ni dans l'être, mais dans ce qui, les précédant tous deux, assure leur identité symbolique. Dans l'Absolu, idéalité et réalité ne font qu'un.

C'est à ce point que nous porte l'intuition intellectuelle, qui n'est plus l'intuition de soi du Moi, mais la connaissance rationnelle de l'absolu. Elle est une « intuition de la raison » qui éclaire la zone d'indifférence où le sujet est indiscernable de l'objet, où l'esprit ne se distingue pas de la nature. De même que l'intuition pure de l'espace ne détruit pas les figures, mais rend possible leur construction, l'intuition intellectuelle est l'organe à partir duquel s'édifie le système (*Fernere* 369). Sans elle, les philosophes « n'ont devant eux que leurs petits objets, leurs livres, leurs papiers et leur poussière » (*Ideen*, SW II, 223 n.).

À travers cette intuition rationnelle, toutes les formes particulières se résolvent en une seule essence. C'est elle, en tant qu'indifférence totale du subjectif et de l'objectif, et non plus l'art, qui nous donne à apercevoir l'unité de l'absolu. « La raison est l'absolu » (*Exp.* 117).

L'absolu est ce dont nous devons partir. Ce qui est originaire ne peut être posé par une méthode synthétique, mais seulement analysé. « Nul ne commence, ni n'a jamais commencé à philosopher sinon par l'idée de l'absolu devenue vivante » (PR 27).

Or l'absolu se détermine de deux façons : du point de vue de la forme, comme sujet et objet et, du point de vue de l'essence, comme ce qui n'est ni sujet ni objet. La détermination de l'identité absolue du point de vue de l'essence comme exclusion des contraires a été établie par le *Système de l'idéalisme transcendantal*. La tâche propre de la philosophie nouvelle est d'éclairer l'autre côté de l'alternative, celui de la forme, à partir duquel on peut déterminer l'absolu comme identité du sujet et de l'objet. De ce point de vue, l'identité n'apparaît pas vide, mais riche d'articulations et de sens (*Ident.* 118).

L'identité a pour image la lumière qui irradie inlassablement tout en demeurant éternellement en soi. La lumière est un idéal qui n'est jamais pour soi seul, mais est déjà réel ; elle est le lien entre Dieu et le monde. Les choses finies sont des fulgurations de la divinité, selon une formule de Leibniz, qui rectifie Spinoza. Ces fulgurations ont la réalité d'un éclair. À chaque instant, l'essence infinie reprend la forme en son sein. Elle ne la laisse se réaliser que pour aussitôt la résorber dans son identité. « De même que l'éclair sort de la nuit obscure et perce par sa propre force, de même aussi l'autoaffirmation infinie de Dieu. Dieu est également la nuit éternelle et le jour éternel des choses » (ApPN 162).

Une fois atteinte par intuition intellectuelle, l'identité absolue nous conduit d'elle-même à la différence, alors que toute autre forme d'unité ou d'indifférence nous aurait voués au silence. Elle « amène l'absolu noir à la lumière du jour » (Hegel 1962, t. II, p. 220).

La totalité. Même les auteurs les plus favorables à Schelling ont vu dans sa philosophie de l'Identité un acosmisme, certains, inspirés par Schopenhauer, pour s'en réjouir (Hartmann 1897, p. 14), d'autres, comme Schiller, le compagnon des premières années d'Iéna, en demandant comment une pensée qui tend à tout résorber dans une identité absolue peut passer d'un rapport au principe seulement négatif au véritable positif, au système (HKA III, 2, 1, 346).

Il semble en vérité que cette philosophie, loin de réduire le monde à rien ou de se refermer sur une égalité stérile, développe une conception spéculative du monde comme tout unique. Elle nous apprend à voir dans le tout l'absolu en acte, l'absolu qui est là, qui s'expose. L'identité absolue est immédiatement la totalité absolue ou, plus précisément, « l'identité absolue n'est pas la cause originaire de l'univers, mais l'univers même » (*Exp.* 130), une totalité différenciée. « L'identité est éternellement à nouveau identité, un univers pourtant, c'est-à-dire un tout de choses différentes » (*ibid.*). Nous sommes aux antipodes du « toutes choses ensemble » de Protagoras ou d'Anaxagore, où la même chose « est et trière et rempart et homme » (Aristote, *Métaphysique* Γ, 4, 1007b20).

C'est seulement en tant qu'univers, c'est-à-dire en tant qu'infini présent, que l'identité est : l'identité absolue ne peut se connaître, et se connaître infiniment, sans se poser infiniment comme sujet et objet. La productivité du principe est telle que l'unité « tire sans cesse l'infini de l'infini » (*Bruno* 439). C'est de la manière la plus dynamique possible que l'absolu s'affirme à travers le monde. Tout son être est de produire. C'est donc aussi de la manière la plus vivante que l'univers, dans la « surabondance de ses structures » et sa plénitude infinie, « s'efforce de devenir toujours plus semblable à soi-même, un seul corps et une seule âme » (*Bruno* 381 et 399).

Il n'y a qu'une unique essence sous diverses formes, l'univers sous la forme de la plante, de l'art. « Il y a autant d'univers que de choses particulières et pourtant, par suite de l'identité d'essence, il n'y a, en toutes choses, qu'un seul et unique univers » (LME 312).

En faisant ainsi de l'équivalence A = A l'expression même de la raison, Schelling métamorphose l'idéalisme universel kantien en un idéalisme absolu. En posant que nul individu ne subsiste par soi et que sa différence n'a de sens que par rapport à cette identité première, il édifie ce que Fichte est même incapable de concevoir : un univers qui est la raison vivante.

Malgré son apparente aridité, la philosophie de l'absolu vaut d'abord par l'intuition vivante qui la traverse, celle du monde comme totalité organique et de « l'univers formé en Dieu comme éternelle beauté et œuvre d'art absolue ». Le monde n'apparaît plus *dans* l'œuvre d'art, mais *comme* œuvre d'art, comme œuvre d'art totale (*PhArt* 386 ; Marquard 2003, p. 101). Tout est vivant et il n'y a qu'un seul vivant, le tout animé. « Il n'y a qu'un seul destin pour toutes choses, une seule vie, une seule mort ; nulle chose ne précède l'autre dans son surgissement, il n'y a qu'un seul monde, une seule plante […], il n'y a qu'un seul univers à l'égard duquel tout est splendide, véritablement beau et divin, lui-même étant en soi incréé, éternel à l'instar de l'unité même, originel et impérissable » (*Bruno* 433). La philosophie qui se déploie à partir de 1801 et surtout à partir du *Bruno* tient lieu en quelque sorte du grand poème cosmique que Schelling et Goethe eurent le projet d'écrire et dont ce dernier fit le plan (Plath 1901, p. 44-71).

Avec la philosophie de l'identité, l'idée d'une unité organique de toutes choses reçoit en tout cas sa formulation la plus ample et la plus systématique. L'univers est formé dans l'absolu comme le plus parfait organisme et la plus parfaite œuvre d'art (*Fernere* 423). Un adversaire du schellingianisme aussi résolu que Fries dira du principe selon lequel le monde est un tout organisé qu'il est la seule idée de Schelling qui vaille la peine d'être sauvée, le reste ne méritant que dérision (Fries 1803, p. 101).

Le fini et l'infini. Le vrai rapport des choses finies dans l'absolu est le rapport qu'ont entre elles les parties d'un organisme. La vie dans l'absolu est une vie organique (*Bruno* 373).

Dans cette relation organique du fini et de l'infini, chacun est tout entier soi-même et tout entier présent à l'autre. Tant qu'on cherche à penser le monde du conditionné sur la base de rapports finis comme le rapport de causalité, on reste prisonnier d'un « cercle dans lequel un néant reçoit une réalité de sa relation à un autre néant » (*Fernere* 358). Comment une série de connaissances où en aucun point ne se trouve quelque chose d'inconditionné peut-il être un savoir ? « Ce n'est qu'en vertu d'une ombre de réalité, en vertu du néant, que surgissent les choses les unes à partir des autres. Un non-être cherche dans un autre la réalité qu'il n'a pas en soi-même, il la cherche dans un autre qui n'en a pas et celui-ci la cherche à son tour dans un autre. Que les choses s'accrochent infiniment les unes aux autres par la cause et l'effet n'est pour ainsi dire que l'attestation et l'expression de la vanité à laquelle elles se trouvent assujetties » (SgP 195). Le schème de la causalité condamne le fini à n'être qu'une apparence, un contraire, alors qu'il est originairement uni à l'infini dans l'absolu.

Jamais une philosophie n'a affirmé avec autant de force le non-être du relatif, l'inexistence du fini en soi en dehors de l'absolu. La finitude est une malédiction, un châtiment (PR 42). Pris en soi, le fini est abyssal. Il est appelé à se dissoudre dans l'être du tout. « Cette dissolution est la vraie identité du fini et de l'infini. Le fini est seulement dans l'infini, mais par là il cesse d'être fini » (SgP 182). « Un auteur qui présentait la doctrine de l'absolu comme la doctrine du rien absolu, touchait plus juste que lui-même ne le pensait. Cette doctrine est la doctrine du rien absolu des choses comme existant de manière finie, choses qui, peut-être, lui apparaissent comme la réalité la plus éminente » (ApPN 194 ; Köppen 1803). Un certain nihilisme est revendiqué, qui affirme le néant absolu des choses finies (pour le terme de « *Nihilismus* », cf. *Rückert und Weiß*, HKA I, 11, 195).

C'est Fichte qui, probablement malgré lui, a le mieux perçu ce néant des choses finies hors de l'absolu et accompli la tâche préparatoire nécessaire à l'entrée en philosophie : reconnaître que le fini n'est rien en soi, qu'il est seulement pour soi, que son fondement n'est pas dans l'absolu, mais en lui seul. L'autoposition est le caractère même de l'être fini. À l'opposé de toutes les non-philosophies qui reculent en tremblant devant le rien, la *Doctrine de la science* a montré que la finitude du monde sensible, « royaume du néant », a pour principe général le Moi. Elle a fait de l'égoïté l'empreinte même de l'*Absonderung*, de la scission par rapport au tout (PR 41).

Il est pourtant impossible que l'infini sorte de lui-même. Entre le fini et l'infini, il y a identité et c'est, en tout fini, la forme de cette identité qui *est* au sens véritable (*Exp.* 134). L'*Einbildung* par laquelle l'infini s'informe dans le fini n'est pas un procès, mais une identification immédiate. L'infini est immédiatement présent en tout fini. « Le fini n'*est* pleinement que dans la mesure où il est rattaché à l'infini par l'éternel même » (*Bruno* 351).

L'image spinoziste des cercles non concentriques est le symbole de « l'infinité rationnelle de la philosophie » (ApPN 169). Soit deux cercles non concentriques dont l'un contient l'autre et qui donc ne conservent le même éloignement en aucun de leurs points : la somme des variations des distances comprises entre les deux cercles (ou, pour Schelling, la quantité des modifications que peut subir une matière mue dans cet espace) dépasse tout nombre possible, alors qu'elle se trouve encadrée entre un minimum et un maximum.

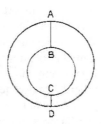

Entre les deux cercles, une infinité est immédiatement intuitionnée. Il suffit que le fini s'excentre pour qu'un infini en acte le sépare du cercle divin (SgP 232). Avec la pure Idée, une infinité de différences est posée. Avec l'Idée divine est posée en même temps une réalité infinie.

Le singulier. La totalité est toujours déjà là, complètement et parfaitement, pour que le singulier soit possible et effectif. Le particulier est l'exposition du tout et n'est pas, pour cela, la chose particulière. Il n'y a pas de particulier comme tel. Le particulier contient, exprimé en soi, l'absolu tout entier. Il n'en est séparé qu'idéalement. L'intuition intellectuelle dissipe cette séparation apparente et fait « voir l'universel dans le particulier, l'infini dans le fini, tous deux rassemblés en une unité vivante » (*Fernere* 362).

Un tout est ce que chacune de ses parties reflète en entier. En chaque partie, l'absolu seul se représente, de sorte que la partie devient elle-même infinie et indépendante. La philosophie fait voir dans le particulier non pas un absolu, mais un infini, une idée vivante, un tout. Comme le dira Whitehead, le concret, au sens le plus plein, veut dire totalité (Whitehead 1922, p. 17).

Tout est inconditionné, tout est absolu une fois replacé dans une éternité de raison. « Du point de vue de ce qui est véritablement réel, rien ne meurt, sinon Dieu même devrait mourir » (*Présentation* 63). Parce que le singulier n'est rien par lui-même, indépendamment de la vie du tout, il est le reflet immédiat de la totalité. La plus haute révélation est celle de la divinité du tout ou, à l'identique, de la divinité du singulier : « ce dont je peux me glorifier ? – de l'unique don qui me fut fait : avoir proclamé aussi la divinité du singulier, la possible égalité de toutes les connaissances sans différence d'objet, et ainsi l'infinité de la philosophie » (ApPN 143).

La construction. La véritable perfection d'une chose consiste à être ce qu'elle est. « Qu'est-ce que la perfection de toute chose ? Rien d'autre que la vie créatrice en elle, sa force d'exister » (*Rapport* 294). Comprendre quelque chose, c'est donc laisser la raison en construire l'idée ou faire immédiatement apparaître le particulier comme un univers pour soi. La construction scientifique de l'univers est la présentation de l'universel et du particulier dans l'unité.

Jacobi a eu raison de dénoncer la « rage de tout expliquer, de ne rien prendre comme il est, en sa totalité » (*Fernere* 344). À la propension à tout ramener à des causes et des effets, il faut opposer le droit égal de chaque phénomène à être : « tout dans l'univers est inconditionné dans son espèce, rien qui ne soit achevé en soi, égal à soi-même. C'est pourquoi, dès qu'il est question de phénomène, chacun a un droit égal à être. L'un n'est pas la cause véritable de l'autre, mais chacun est fondé de la même façon dans l'inconditionné » (*ibid.*). Il faut laisser chaque chose être dans sa propre puissance. Il faut laisser chaque chose aller au bout de sa vérité. La philosophie doit laisser chaque objet exprimer l'absolu qu'il porte en lui, ou, sous chacune de ses formes, montrer « que tout est absolument et que rien n'est l'absolu » (*Fernere* 406).

Aussi le philosophe ne connaît-il pas différentes essences. Il n'aperçoit qu'« une seule et unique essence » à travers tous les schématismes originaires que son intuition du monde lui dévoile. Il ne construit pas la plante ou l'animal, mais l'univers sous la forme de l'animal ou de la plante (*Fernere* 395). Le schème de la totalité opère universellement, car il détermine en chaque cas la place et la configuration de chaque chose.

Construire veut donc dire déterminer la position d'une chose dans l'univers ou l'exposer dans l'absolu : « la construction consiste précisément à ramener chaque particulier, chaque être déterminé dans l'absolu, c'est-à-dire à le considérer tel qu'il est dans l'unité absolue ; sa déterminité n'est que son moment idéel, mais sa vérité est précisément son être dans l'absolu » (Hegel 1975, p. 2065).

Comment s'opère cette construction ? Comment fait-on du principe d'identité un principe actif de construction ?

En répétant partout la triplicité thèse (information de l'essence dans la forme), antithèse (information de la forme dans l'essence), synthèse (unité absolue), qui est le schéma du tout et fait apparaître l'identité de toutes les choses dans l'absolu. « La thèse ou le catégorique est l'unité, l'antithèse ou l'hypothétique est la pluralité, mais ce que l'on représente comme synthèse n'est pas en soi le troisième, mais le premier, cette unité absolue dont l'unité et la pluralité dans l'opposition même ne sont que des formes diverses » (*Fernere* 399).

L'erreur de Fichte est d'avoir limité cette méthode de construction au Moi et de ne pas avoir fait de la forme thèse-antithèse-synthèse le « type d'une organisation réelle et universelle » (*Sur la construction en philosophie*, SW V, 149). Quant à la conscience commune, elle ne conçoit pas les moments de l'absolu comme articulés, mais comme juxtaposés l'un à l'autre. Comme le dit Hegel, « le penser commun ne construit pas : ici un tilleul, à côté de saules, de boutures, etc., et en bas une vache passe en courant. Il ne démontre pas, il prend son effort de démonstration pour quelque chose, l'ennui pour de la profondeur et sa lassitude pour le résultat » (Hegel 1991, p. 55). Toute philosophie conditionnée, analytique, relève d'une semblable empirie.

La vraie science n'explique pas, elle construit : en recherchant non pas la cause, mais la place exacte d'un phénomène, elle le laisse s'expliquer lui-même. La place qu'il prend alors dans le système est la seule interprétation qu'on en donne. Ainsi, la preuve est faite que l'Identité n'est pas la nuit dans laquelle s'éteignent toutes les différences. Si l'accès à l'Identité nous place sur le versant nocturne de la philosophie absolue, la méthode de construction en dévoile le côté lumineux.

Les puissances. S'il n'y a véritablement et en soi qu'un seul être, la diversité des choses n'est possible que dans la mesure où l'« Être pur et comme dénudé » est posé sous diverses déterminations idéelles appelées puissances, qui doivent être reconnues aussi bien dans la nature que dans l'histoire et dans l'art (*PhArt* 366).

Dans ce qui est « peut-être la plus profonde pensée philosophique jamais élaborée » (Voegelin 1990, p. 208), la première puissance représente la position de l'infini dans le fini (impression de l'essence dans la forme, $A = B$ (où B est le signe de l'objectivité)), la deuxième correspond à la position du fini dans l'infini (élévation à l'idéal, information de la forme dans l'essence, A^2), la troisième (A^3) est l'*Ineinsbildung*, l'égalisation des deux, sous la figure d'une totalité organique. Ce schématisme trouve sa première expression dans la série pesanteur-lumière-organisme caractéristique de la philosophie de la nature.

Les puissances sont les instruments qui permettent à Schelling d'édifier son système. Elles sont autant les principes de détermination de l'être que les moyens du connaître. Chacune d'elles indique quel degré d'idéalité ou de réalité possède telle ou telle détermination. La réalité de chaque chose est l'expression, à une certaine puissance, de l'Identité absolue $A = A$, chaque être représentant un degré plus ou moins grand d'identité du sujet de l'objet. L'individu ne subsistant jamais par soi, aucune différence qualitative ne vient altérer l'essence de l'absolu. L'individu est seulement l'expression d'une différenciation quantitative et formelle, réglée suivant un système de prépondérances (subjective ou objective), un jeu de potentiations exprimant la plus ou moins grande prédominance en lui de l'idéal ou du réel.

Ces puissances ou « unités » sont toutes absolues et parfaitement simultanées, chacune se réitérant à l'intérieur de chaque autre de telle manière que l'indifférence de l'essence et de la forme se répète à tous les degrés (*Exp.* 136). De leur interaction naît ce concret que Schelling appelle *idée*.

L'idée. L'univers est, en chaque chose, pleinement présent à soi, si bien que cette chose porte constamment en elle la plénitude de son sens ou exprime la totalité de son idée : en elle, se vérifie en toutes circonstances l'identité de l'idéal et du réel. « Puisque l'univers est un, puisqu'il est indivisible, il ne peut s'épancher nulle part sans s'épancher tout entier » (*PhArt* 419).

C'est seulement dans son idée que le particulier existe. Dans l'éternelle affirmation de Dieu, le particulier est créé et anéanti « en un seul et même acte » : il est créé en tant qu'absolue réalité et nié en tant que particulier pouvant être séparé du tout. Une fulguration comporte deux éléments simultanés : rayonnement et rétraction. Par-là, le particulier obtient « une vie absolue », la « vie dans l'idée » (SgP 188).

Le système du monde est « le monde des idées grand-ouvert ou l'infinité actuelle de l'idée de Dieu » (SgP 481). En lui, le sens, l'idée sont là, immédiatement présents. Le ciel étoilé nous renvoie l'image de sa parfaite unité : on aperçoit en chaque point toutes les étoiles visibles, chacune remplissant l'étendue tout entière sans exclure les autres (*Ideen*, SW II, 108 ; Vetö 1998, t. I, p. 475).

Mais il est un phénomène privilégié qui permet que l'idée soit intuitionnée directement : c'est la mythologie en tant qu'elle donne son matériau à l'art. Les Idées en philosophie et les dieux en art sont une seule et même chose : chacun est pour soi ce qu'il est, aucun n'est en vue de l'autre ou pour le signifier. Les figures des dieux sont les véritables universaux. « La signification est ici en même temps l'être même, passée dans l'objet, ne faisant qu'un avec lui. Dès que nous laissons ces êtres signifier quelque chose d'autre qu'eux, ils ne sont eux-mêmes plus rien » (*PhArt* 411).

Toutes les possibilités contenues dans le monde des idées sont parfaitement épuisées par la mythologie grecque, qui est la mythologie universelle, le modèle de toutes les autres mythologies. L'identité mystérieuse et cachée, l'arrière-fond obscur dont les dieux sont issus est la Nuit, la mère des dieux, le Destin qui les dépasse. De cette nuit émerge « le clair royaume des figures délimitées et reconnaissables », l'Olympe (*PhArt* 400). Jupiter en est le point d'indifférence, qui unit la puissance absolue à la sagesse absolue. De sa tête sort immédiatement Minerve, « le symbole de la forme absolue et de l'univers » (*ibid.*), la sagesse immuable, toujours égale, inaltérable, qui se tient auprès de son père.

Comme Jupiter, le principe éternel, engendre à lui seul Minerve, Junon engendre à elle seule Vulcain, l'artiste détenteur du feu, mais dépourvu de la haute sagesse de Minerve. Ces dieux s'opposent comme la forme purement terrestre de l'art et sa forme céleste. Au-dessous de Jupiter et Minerve, se tiennent dans le monde réel Vulcain et Neptune, les principes formateur et informe. Leurs rejetons sont Pluton et Apollon : l'un est dans le royaume des ombres, « le souverain du royaume de la nuit ou de la pesanteur » (*PhArt* 402) ; l'autre le dieu de lumière, le dieu de la forme vivante. Pluton est le point d'indifférence du monde réel et de la série Vulcain,

Neptune, Pluton ; Apollon est le point d'indifférence du monde idéal et de la série Mars, Vénus, Apollon.

La science. Le jeu des prépondérances structure le système de la philosophie aussi bien sur son versant réel que sur son versant idéal. Du point de vue du tout idéal, la première puissance désigne la prépondérance de l'idéal proprement dit, du savoir ; la deuxième repose sur la prépondérance du réel, de l'agir ; l'indifférence de l'idéal et du réel se présente dans le monde idéal à travers l'art (*PhArt* 380).

La science doit être pratiquée « non comme un esclave, mais comme un homme libre et dans l'esprit du tout » (LME 213). Seule la totalisation organique du savoir fait de la science une activité autonome. Tant qu'elle en reste à des buts empiriques, elle ne peut donner lieu à une formation de soi, ni à une vie académique qui, comme le suggère le mot « université », permettrait de saisir la pluralité des sciences en un tout vivant. Pour qu'un savant puisse exprimer dans sa sphère l'universalité des idées, il doit concevoir sa science particulière d'abord comme un but en soi, ensuite comme un point central qu'il élargit à la totalité (LME 232).

La véritable culture « embrasse la totalité de l'homme » et se fonde dans son essence (LME 212). Savoir n'est pas posséder une connaissance comme une possession étrangère, mais pouvoir la produire à nouveau par soi. Seul ce pouvoir de production fait de chacun véritablement un homme. « Apprends seulement afin de te créer toi-même » est la maxime qui guide toute étude (LME 241). Apprendre n'est qu'une condition négative. Il faut faire de l'objet sa propre substance.

Humboldt, qui dira à son tour que la science doit former le caractère de l'intérieur, avouera avoir lu avec un « plaisir infini » les *Leçons sur la méthode des études académiques*, qui exposent cette conception de la science (Humboldt 1939, p. 167). La proximité de Schelling avec le réformateur de l'université allemande apparaîtra plus nettement encore quand, dans sa recension de *La querelle du philanthropinisme et de l'humanisme* de Niethammer, il développera une théorie de l'éducation soucieuse d'articuler culture de l'humanité et formation de la personne. Pour les pères du néo-humanisme allemand, l'éducation ne doit pas être un moyen, mais une authentique culture morale de l'homme, investie d'une dimension métaphysique.

L'essence de la science allemande est en effet de tout faire reposer – la science, la culture, l'histoire – sur une métaphysique et une religion. Produire une métaphysique est la tâche ultime de la culture. « Quoi que l'on puisse dire, tout ce qu'il y a d'élevé et de grand dans le monde a lieu par quelque chose que nous pouvons appeler métaphysique au sens le plus général. La métaphysique est ce qui crée organiquement les États et ce qui fait d'une foule humaine un cœur et une âme, c'est-à-dire un peuple » (*Science* 9).

La morale. La véritable moralité est science, religion et philosophie. « Seul celui qui connaît Dieu est véritablement moral » (PR 53). L'être de Dieu et celui de la moralité ne font qu'un. La vertu consiste à s'unir à Dieu, en qui liberté et nécessité se conjoignent. Elle est donc absolue liberté, non pas arrogante moralité, mais fidélité à soi-même et à Dieu (SgP 559).

Une morale du devoir, qui demande la soumission, n'est pas une vraie morale : « l'âme n'est véritablement morale que quand elle l'est avec une liberté absolue, c'est-à-dire quand la moralité est pour elle est même temps félicité absolue » (PR 55). L'homme ne peut se reconnaître dans une raison qui lui apparaît sous forme de contrainte ou comme une loi qu'il aurait à subir comme le corps subit la pesanteur. « Vivre une vie non pas dépendante, mais à la fois respectueuse de la loi et libre, c'est cela l'absolue moralité » (*ibid.*). Mais cette réadmission de la finitude dans l'infinité assure en même temps le passage de l'infini dans le fini et donc le parfait être en soi-même du fini, autrement dit de l'être qui aspire à la félicité. Le bonheur est la vertu même, non son accident. Chacun est absolu pour lui-même et inclut l'autre. Bonheur et vertu sont les deux faces d'une même identité. Le respect ne suffit pas, il faut « un cœur joyeux et libre » (*Philo. ratio.* 555).

Être ou se sentir malheureux est l'immoralité véritable, le signe d'un désaccord avec soi-même. En revanche, se mettre en accord avec la nature divine de son âme assure bonheur et moralité. Cela dit en à toute conformité avec l'enseignement de la Réforme : « il y a une nature divine dans l'âme, mais non une moralité que l'individu comme individu peut se donner et dont il puisse être fier […]. Ce ne sont pas les œuvres bonnes qui rendent bienheureux, mais la foi » (SgP 559). C'est comme vie éthique et comme vertu que la religion s'accomplit.

Cette doctrine de la vertu assez succincte ne compense pas vraiment l'absence d'une véritable philosophie morale, ce que Maximilien lui-même constatera (*Max.* 53). Et quand Schelling entreprendra en 1809 de préciser le rapport de la liberté aux « questions qui s'y rattachent », plutôt que de lui donner une forme autonome, il s'emploiera à l'ancrer dans une ontologie.

L'art. De même que, dans le monde réel, la pesanteur et la lumière s'équilibrent dans l'organisme, dans le monde idéal, la science et l'action s'harmonisent dans l'art. L'art est un « agir entièrement pénétré de science », un « savoir devenu entièrement agir » (*PhArt* 380).

Schelling est apparu à ses contemporains comme le philosophe de l'art, comme celui qui lui a rendu sa vraie finalité, représenter la totalité de l'univers. Dans la véritable œuvre d'art, il n'y a pas de beauté particulière, c'est le tout qui est beau.

Une chose est belle quand sa finitude apparaît comme l'intuition concrète d'un infini. La beauté n'est ni idéale ni réelle, ni finie ni infinie, elle est la compénétration des deux, leur *Ineinsbildung*, leur égalisation, leur uniformation. La beauté est posée partout où lumière et matière, idéal et réel, se rejoignent et se pénètrent parfaitement. La beauté est l'indifférence de la forme et de l'essence, contemplée dans un réel. C'est pourquoi « la beauté absolue devra être en même temps la beauté terrible » (*PhArt* 468). Le sublime est l'essence dans sa simplicité immédiate, qui apparaît comme chaos. « Rien ne peut en général être appelé beau s'il n'est aussi sublime sous un autre rapport » (*ibid.*).

Un poème est beau quand la liberté la plus haute se ressaisit à travers lui dans la nécessité. De même, un artiste est un génie là où la liberté la plus divine ne fait qu'un avec la suprême conformité à la loi. Le génie est tranquille, grand, simple et nécessaire comme la nature (LME 349 ; Marquard 2003, p. 41). Il n'imite pas ou n'expose pas la nature dans une œuvre, mais produit comme elle produit. Le génie doit laisser le concept vivant se manifester en opérant de façon aveugle, sans pour autant se soumettre inconditionnellement à la réalité. Il doit prendre ses distances vis-à-vis du produit pour s'élever à la force créatrice et l'appréhender en esprit. En délaissant la créature, il la « regagne au centuple » et « retourne de toute façon à la nature » (*Rapport* 300). Cet initié entièrement possédé par l'idée crée dans une nature d'avant l'histoire et dévoile le mystère le plus caché, celui de l'unité de l'être divin et de l'être naturel. La doctrine du génie est le point d'ancrage de la théorie de l'art dans la philosophie de la nature.

L'art est la seule activité qui puisse rendre compte objectivement de la productivité infinie de l'absolu. Il permet d'intuitionner sous la forme du particulier ce que la philosophie donne à voir sous la forme de l'universel. L'essentiel de la philosophie de l'art n'est donc pas l'art, mais la philosophie. L'art n'a de réalité pour le sage qu'en tant qu'il donne une objectivité à la philosophie dans sa totalité. L'artiste représente des choses belles, mais le philosophe connaît la vérité et la beauté pour soi.

La nature, tout entière dans un état somnambulique, est la seule représentation que nous ayons de l'inconscient (*Kritische Fragmente* (*Fragments critiques*), SW VII, 251 ; Bloch 1969, p. 99). La véritable œuvre d'art ressemble à une œuvre de la nature en tant précisément qu'elle est marquée du sceau de la science inconsciente qui lui donne une vie autonome et une réalité insondable. L'art imite la nature en tant que celle-ci commence comme inconsciente et s'achève comme consciente (ce que contestera Schiller, pour qui l'œuvre d'art doit partir et s'achever dans l'inconscient : Goethe-Schiller 1994, t. II, p. 401 ; *Rapport* 300).

Le système général de l'art reprend la bipartition qui affecte la philosophie de l'identité. À la philosophie de la nature correspond la série musique, peinture et plastique ; à la philosophie idéale correspondent les arts du langage : le lyrisme, l'épopée et la tragédie (*PhArt* 482).

La beauté est présente en chaque chose : « dans l'existence la plus paisible, sans réflexion, la plante révèle l'éternelle beauté. Il n'est rien de meilleur pour toi que de connaître Dieu sans le connaître, silencieusement » (*Kritische Fragmente*, SW VII, 248 ; Manfred Schröter disait que c'est ce fragment qui l'avait décidé à étudier Schelling et à s'en faire l'éditeur). Mais c'est la forme humaine qui est le plus parfait objet de présentation picturale et ce n'est qu'à partir d'elle que l'art commence à déployer ses produits absolus, son monde véritable. On doit donc opposer sa représentation à celle de cet « être informe » qu'est le paysage et, par conséquent, relativiser l'influence de Schelling sur Caspar David Friedrich (*PhArt* 545 ; Stanguennec 2011, p. 148).

La politique. Dans chacune de leurs séries, l'organisme et l'art représentent le point d'indifférence du réel et de l'idéal. Leur point d'unité absolue se trouve dans la raison. Celle-ci est le siège des idées suprêmes : le vrai, le bien et le beau, qui ne sont connues que par la philosophie et ne s'incarnent objectivement que dans l'État. La compénétration vivante du savoir, de la morale et de l'art s'accomplit subjectivement dans la philosophie, objectivement dans l'État.

L'équivalence : raison / système du monde = philosophie / État résume l'édifice entier de la science. Quand l'État rend possible « la jouissance et la participation harmonieuses à tout ce qui est bon et beau dans une vie publique », autrement dit quand il redonne vie à l'idéal grec, « la philosophie n'est plus science, mais devient vie ou ce que Platon appelle πολιτεύειν, la vie avec et dans une totalité éthique » (SgP 575). La science devient objective quand elle prend la forme de la législation, que Platon regardait comme la plus sublime philosophie, celle qui donne à la science la forme de la totalité vivante. La religion s'accomplit comme vie éthique et comme vertu, comme héroïsme de la nation. L'art enfin se manifeste pleinement dans l'esprit créateur qui anime la vie publique et lui imprime un mouvement rythmique vivant : il parachève la totalité éthique en faisant apparaître la beauté de son phénomène.

Alors que Friedrich Wilhelm III demande, au lendemain de la paix de Tilsit, que « l'État retrouve spirituellement la force qu'il a perdue physiquement » (Köpke 1860, p. 37), Schelling dit « regarder la religion, la croyance publique et la vie dans l'État comme le point autour duquel tout le reste gravite » (BUD III, 294). Bientôt, quand éclatent les guerres de libération allemande, il appelle de ses vœux la constitution d'un État qui, au lieu d'être une entité qui divise et oppose, donne à la société des fins absolues.

Or la société bourgeoise ne se donne jamais que des buts empiriques. Notre philosophe, qui, à la fin de sa vie, se verra pourtant remettre la Légion d'honneur par Louis-Philippe et fera l'éloge de Guizot (*Plitt* III, 97), regarde la société bourgeoise comme la forme de la finitude qui se croit autosuffisante et déplore qu'en elle, la liberté publique ait entièrement sombré dans l'esclavage de la vie privée (SgP 573). L'État parfait serait celui où le particulier et l'universel ne formeraient qu'un, où ce qui est nécessaire serait également libre et ce qui se produit librement également nécessaire. Cet État serait « l'organisme objectif de la liberté » (LME 312).

Il n'est donc pas besoin de préciser que Schelling est un penseur conservateur et que sa conception organique de la société exclut tout égalitarisme. Même si c'est avec un véritable effarement qu'il voit Schlegel se mettre au service de l'archiduc Charles et de la réaction autrichienne (BUD I, p. 440), il soutient l'idée d'une « nature absolument mystique » de la monarchie, incompréhensible à tous les *Aufklärer* (*Plitt* II, 438) et Marx exagèrera à peine en faisant de « saint Schelling » le trente-huitième membre de la Confédération des États allemands (Marx 1971, p. 301).

Du point de vue de la philosophie de l'Identité, aucun progrès en politique n'est à attendre : nous vivons dans des États nés de la contrainte et de la nécessité, qui n'ont rien de commun avec l'État organique libre et vivant qui serait un comme la raison est une. Seule une « vraie révolution » peut nous faire passer de cet État d'entendement à un État rationnel où l'individu sera moyen respectivement au tout et fin relativement à soi (SgP 564).

La liberté. En chaque singulier s'éprouve la réalité de Dieu. C'est l'*Hineinbilden*, l'*Hineinschauen* (le se former, s'intuitionner) de Dieu dans le réel qui rend ce réel autonome (PR 34). C'est d'abord dans le don de la liberté qu'il consent que l'absolu manifeste sa générosité.

« Voici ce qui caractérise exclusivement l'absoluité : elle confère à sa réplique, avec l'être issu de lui-même, l'indépendance. Cet être-en-soi-même, cette réalité propre et véritable de ce sur quoi l'intuition porte en premier, est la liberté » (PR 39). Un dieu libre ne peut créer que des êtres libres. L'absolu ne peut servir de fondement idéal à rien qui ne soit aussi absolu que lui. Il ne peut rien transmettre d'autre que son absoluité, c'est-à-dire sa liberté. Celle-ci « atteste la nature initialement absolue des choses » (PR 52).

Seul ce qu'il y a de plus libre peut être la réplique de l'Absolu. Dieu ne se retrouve lui-même que dans l'image d'un être indépendant de lui. L'indépendance qui reste au sein de l'absolu est la plus haute manière de correspondre à Dieu (Heidegger 2015, p. 160).

Au contraire, la nécessité empirique, qui assujettit les choses à la chaîne des causes et des effets, n'est que l'aspect déchu de la liberté. Si les choses sensibles ne sont rien en soi, c'est parce que la liberté détachée de la nécessité est le véritable néant. La négation qui fait apparaître à l'esprit fini la nécessité comme contraire à la liberté, disparaît en Dieu : « Dieu est à la fois l'en-soi de la nécessité et celui de la liberté » (PR 64).

Aussi l'homme lui-même n'est-il libre qu'en Dieu et la source de tout le mal est dans le désir qu'il a d'exister pour soi (SgP 542 et 561). L'homme est destiné à être un complément de la manifestation du monde. C'est de lui, de son activité, que doit se développer ce qui manque à la totalité de la révélation (LME 218).

Il en résulte que l'histoire est ce qu'il y a de plus sacré, le grand miroir de l'esprit du monde, à travers ses deux périodes : « l'Iliade », qui décrit comment l'humanité, sortie du centre où elle était posée, est allée jusqu'à l'extrême éloignement, et « l'Odyssée », qui raconte son retour à Dieu (PR 57). « De même que le philosophe qui contemple l'histoire depuis le domaine qui est le sien ne voit l'infini qu'en progrès, en développement, en totalité, l'historien reconnaît en chaque existence quelque chose d'infini, en chaque être ou en chaque circonstance quelque chose venant de Dieu et qui est son principe vivant », écrira Leopold von Ranke en 1831, l'année de sa rencontre avec Schelling (Ranke 1975, Bd. IV, p. 77).

La raison. Avec la philosophie de l'identité, la raison est posée comme la substance même du monde : « tout ce qui est et a lieu est rationnel et la raison est la matière primitive et le réel de tout être » (*Fernere* 390). L'irrationnel est quelque chose de partiel et de provisoire, qu'il est toujours possible de racheter. Mais, dans le système, un point reste ouvert, l'homme, qui est la plus grande des énigmes, le plus incertain des êtres. De lui, qui doit rendre raison de tout, on ne saurait rendre raison. Il est un être « ouvert à toutes les contradictions et qui parcourt en lui-même presque toute l'échelle des êtres, pour autant qu'il est capable de ce qu'il y a de plus haut et de plus bas » (*Science* 13).

LA PHILOSOPHIE DE LA LIBERTÉ

La philosophie de la nature ct la philosophie de l'identité ont établi que l'homme est le point d'unité de Dieu et du monde. À partir de 1809, l'exploration de son devenir nous découvre un devenir plus profond au cœur de l'absolu et nous conduit à nous représenter un Dieu assujetti à la souffrance et au changement au moins dans un des aspects de sa vie.

L'idée que « Dieu a en lui les mêmes principes que nous » (*Stutt.* 96) ouvre sur une nouvelle détermination de l'absolu, qui n'est plus raison, mais volonté. Le vouloir est l'être originaire (*Wollen ist Urseyn*, qu'Heidegger, dans son commentaire, ontologise encore en en renversant les termes : l'être originaire est vouloir (*Rech.* 350 ; Heidegger 1977, p. 166)).

L'effort pour unir Kant et Spinoza, philosophie de la volonté et philosophie de l'être, nous amène à décrire l'absolu comme esprit et comme vie, comme identité vivante, à promouvoir un « réalisme vivant » ayant la liberté pour intime présupposition (*Rech.* 356). La liberté est « l'unique concept positif possible de l'en-soi », c'est elle qui nous permet de prendre en vue la totalité de ce qui est (*Rech.* 352).

Or la liberté est un pouvoir positif, capable d'un acte inexplicable comme le mal. Cela veut dire qu'elle a la possibilité positive de contredire sa propre essence, de se détourner de la raison et qu'elle ne se confond pas totalement avec elle. Or la première philosophie reposait sur l'intuition intellectuelle de la liberté absolue, non sur la conscience de la liberté transcendantale, de la liberté comme *arbitrium*, comme arbitre. Elle pouvait donc difficilement reconnaître dans le mal une possibilité réelle, irréductible, de la liberté humaine. Moins encore pouvait-elle imaginer que la question de l'existence du mal est le moyen, comme le dit Heidegger, de poser véritablement la question de l'être (Heidegger 1977, p. 181).

La volonté propre. Dieu, dans son identité à soi, est ce qui s'oppose le plus au temps. Il est la pure liberté, une pureté consumante, une intensité absolue, un néant qui est tout. La limpidité originelle est l'inconditionné au-delà de l'être, une volonté qui ne veut rien (AM 235).

Cette éternité est pourtant animée de mouvements internes, comparables aux palpitations d'une nature en ses premiers commencements. En sa première intimité, elle n'est occupée qu'à une paisible rêverie sur elle-même. Alors, « l'éternité était comme un néant ; elle était ce qu'était ton Moi avant qu'il ne se soit lui-même trouvé et senti » (W 17). Or, par ce qui s'apparente à un miracle, une volonté tendue vers l'existence, s'engendre elle-même en elle et pose la possibilité du temps. Cette autre volonté est la force de l'être-en-propre. Cette force qui contracte et qui nie est une force subordonnée à laquelle la volonté qui ne veut rien, l'amour, se rapporte comme au fondement de son existence.

Le fondement est le principe ténébreux de l'ipséité. Sa volonté est de tout particulariser, de tout rendre créaturel. Le fondement qui répugne à la forme et à la règle est la source en Dieu des choses particulières et le commencement de tout devenir. Comme les choses diffèrent infiniment de Dieu, elles doivent avoir un autre fondement que lui. Mais, comme rien ne peut être en dehors de Dieu, elles ont leur fondement en ce qui en Dieu n'est pas Dieu. C'est le fondement de Dieu, et non Dieu même, qui est la cause matérielle du monde. Or, de même qu'il y a un fond illimité dans toutes les productions naturelles, il y a un fond illimité en Dieu et en l'homme.

Le fondement est ce qui n'est pas Dieu en Dieu, ce qui n'est pas l'homme en l'homme, ce qui n'est même jamais soi-même. Il est ce « résidu absolument irréductible » qui ne peut être appréhendé comme expressément voulu et « ne se laisse jamais défaire et reconduire à l'entendement » (*Rech.* 359). L'irrégularité initiale, même ordonnée et réglée, demeure sous-jacente.

La volonté de révélation du fond suscite la propriété et l'opposition, autrement dit une inégalité sans laquelle l'égalité ne pourrait se sentir et devenir à elle-même sensible. « Le fond œuvre continuellement dans l'homme individuel et irrite la particularité et la volonté, afin que puisse justement surgir en opposition à lui la volonté de l'amour » (*Rech.* 381). L'être est égoïsme, « être à soi, être en propre, séparation » (AM 210). L'égoïsme est l'essence fondamentale de la nature, le matériau à partir duquel tout est créé, ce qui donne à la vie son acuité.

Le mal apparaît quand la volonté propre se veut, en tant que volonté propre, volonté universelle. Cette volonté n'est pas le mal, mais son « principe possible » (*Rech.* 401). C'est en elle et non dans la divinité même que se trouve la possibilité du mal. Le mal n'est pas l'objet d'un arrêté divin, ni d'un quelconque consentement. Mais, « pour que le mal ne soit pas, il faudrait que Dieu lui-même ne fût pas » (*Rech.* 403). À travers le mal se produit une révélation, celle du fond primordial.

La volonté universelle. « Il y aurait en Dieu aussi un fond d'obscurité, s'il ne réduisait à *soi* cette condition, s'il ne se conjuguait à elle pour ne plus former avec elle qu'une personnalité absolue » (*Rech.* 399). Dans ce surpassement, Dieu apparaît comme « l'éternité personnelle ou vivante » (*Initia* 92), pas « simplement *das* Ewige, l'éternel au neutre, mais *der* Ewige, l'éternel au masculin » (*Initia* 85). En la personnalité seule est la vie.

Il n'y a pas à proprement parler de fondement en Dieu ; en lui, le *Grund* est une possibilité toujours déjà conjurée. Il y a en Dieu une condition au moins relativement indépendante, mais qui ne parvient jamais à l'effectivité. L'égoïsme divin est toujours et en tout point dompté et tempéré par l'amour.

L'essence de Dieu antérieure à toute existence et non encore tempérée par elle est terrible. Dieu voile ce principe dans la créature et le rend inactuel : le recouvrant d'amour, il en fait le fond et le support des êtres (*Rech.* 391). L'indissolubilité des principes en Dieu donne sa réalité au bien.

Le sens de l'être est amour. L'amour veut que l'Absolu se révèle, qu'il parvienne à sa plus haute « glorification » (*Rech.* 399). Il veut que toutes les idées, qui étaient présentes en Dieu sans vie autonome, s'élèvent des ténèbres à l'existence. « D'où la nécessité de la naissance et de la mort » (*Rech.* 404). Pour que tout ce qui est possible se réalise, il faut que la volonté du fond demeure dans sa liberté « jusqu'à ce que tout soit consommé, devenu effectivement réel » (*ibid.*).

Le mal. « Le mal réside dans le centre ou la volonté originaire du fond » (*Rech.* 339). Il provient d'une « réaction du fond », de la base sur laquelle repose toute existence (*Rech.* 390). Il correspond à une démarche régressive de la nature humaine, qui s'attache à ce qui ne devait être que la condition de son activité, le fondement immobile et silencieux de sa vie.

Le mal n'est ni la volonté particulière, ni la séparation de cette volonté avec la volonté universelle, mais l'unité inversée des deux, une fausse unité, une perversion du bien au sens le plus radical (*Rech.* 367). Le mal n'est pas la finité, mais la finité érigée en être-soi, la prééminence du principe égoïste sur le principe rationnel d'amour. Ce qui est mauvais l'est, non par nature, mais du fait d'une « inversion métaphysique » (*Rech.* 388), d'une inversion des principes qui enchaîne l'idéal aux fins de la volonté propre. Au lieu que le fond demeure le support du pouvoir de manifestation de l'entendement et se laisse progressivement subjuguer par lui, il s'arroge ce pouvoir et en fait son propre prédicat. Le fond tend à devenir substance et l'homme se prétend maître du pouvoir de manifester.

Le mal est un amour perverti, entièrement tourné vers soi. La volonté perverse est l'aspiration de la partie à s'approprier et se soumettre le tout. Le mal est isolement, « maladie de la particularité » d'un être personnel qui n'a reçu la liberté que pour demeurer au sein du tout (*Particularkrankheit, Rech.* 366). Quand une *hybris* prométhéenne le pousse à vouloir devenir lui-même fondement créateur, cet être ne parvient qu'à se donner un simulacre de vie. Même dans le mal, l'homme ne peut s'élever à un acte parfait.

Quand la volonté particulière prévaut, l'égoïsme parvient à instrumentaliser la raison et l'esprit cesse d'être une fin en soi. Qui veut comprendre ce qu'est l'esprit doit s'initier aux « mystères du mal », car la pire corruption est en même temps la plus spirituelle (*Stutt.* 160). « Seul peut voir le spirituel en face celui qui a d'abord connu totalement son contraire » (*Clara* 38). Le mal est « le spirituel le plus pur », qui « mène la guerre la plus violente contre tout *Être* et voudrait supprimer le fondement de la création » (*Rech.* 373). La possibilité d'une corruption parfaitement spirituelle ou de cette méchanceté toute formelle dont parlait Kant nous rapproche des descriptions de Barbey d'Aurevilly (Hatem 2012).

Le mal emprunte à l'être son éclat « comme le serpent emprunte à la lumière ses couleurs » (*Rech.* 390). Il se sert de représentations spéculaires et d'une fausse imagination pour conduire l'homme dans le domaine du non-sens, et c'est probablement par là aussi qu'il sera puni, un peu comme dans un rêve. « Les douleurs qui attendent les pécheurs dans l'autre monde, ne devraient-elles pas être des douleurs qu'on s'imaginerait, dont l'objet, en particulier, serait l'ancien monde corporel ? » (*Clara* 81).

Le premier pas de l'homme dans l'histoire a consisté à rompre délibérément la grande chaîne qui le reliait à Dieu, à chercher à briser le Verbe. La Chute est le positif par excellence, l'événement primordial qui a provoqué la naissance de l'esprit, mais a aussi marqué l'homme et toutes choses du sceau d'une « culpabilité imprépensable » (*Initia* 69). L'homme bon s'élève au-dessus de la nature, l'homme mauvais tombe en-dessous d'elle (*Stutt.* 174). Il n'y a dans la nature que les « signes avant-coureurs » du mal (*Rech.* 376).

Le mal manifeste la « terrible réalité » de ce qui n'est pas (*Stutt.* 102). Il n'est pas une privation, mais quelque chose de hautement réel, un non-être actif, « la non-essence la plus décidée » (*ibid.*). C'est un non-être qui ne se fait réel que dans l'opposition. Il n'a pas de réalité indépendante, mais n'existe que dans le mouvement dynamique de sa co-apparition avec le bien. Le mal est en dehors de toute dualité. Il est éternellement exclu et expulsé : le bien et le mal ne constituent pas une opposition originelle, le mal n'est pas compris dans l'absolue Identité. Parce que l'homme peut accomplir le mal, il donne à Dieu la possibilité de se révéler non pas de manière statique, mais dynamique, dans sa victoire sur le mal (Hatem 1987, p. 42).

La folie. La folie montre comme un signe effrayant ce qu'est la volonté dans sa séparation avec Dieu. Elle est un état infernal, une vie fausse, un flottement entre l'être et le non-être, qui survient lorsque le non-étant veut être un être (*Rech.* 366). Elle est l'essence la plus profonde de l'esprit humain, lorsqu'il se sépare de l'âme.

La liberté se gagne sur un fond de folie. L'homme porte en lui, dira Lacan, la folie comme la limite de sa liberté. La folie est sans origine, elle ne naît point.

En même temps, rien de grand ne s'est fait dans le monde sans cette constante sollicitation à la folie, qu'il s'agit de surmonter, mais qui ne doit jamais manquer entièrement. « Sans une constante sollicitation de la folie, il n'y aurait pas de conscience » (AM 338). Là où il n'y a pas de folie, il n'y a pas d'entendement droit, efficient et vivant. Là où elle est domptée, maîtrisée, régulée, l'entendement apparaît dans sa plus grande force. L'entendement est « une folie réglée » (*ibid.*). Quand elle est régie par l'âme, elle se fait même folie divine. Les hommes qui n'ont absolument aucune folie sont incapables de créer. Ceux que la folie submerge, comme Hölderlin, dont la traduction d'*Œdipe* « trahit le délabrement mental » (*Plitt* II, 24), se vouent à l'impuissance.

La folie est la force proprement dite de la nature et de toutes ses productions. Elle donne à apercevoir l'« état originel de l'unitotalité », la vraie nature du panthéisme (AM 339). Quand la nature, engagée dans un libre déploiement, s'approche de l'esprit, au moment où la séparation et l'unification, la conscience et l'inconscience livrent leur ultime combat, ses créations se mettent à divaguer dans un état pareil à l'ivresse.

Le char de Dionysos tiré par des tigres et des panthères, le culte archaïque de la nature, l'enivrement des fêtes et des orgies bachiques sont l'image de « ce sauvage vertige d'enthousiasme auquel succombe la nature à la vue de l'être » (AM 337). « Cet auto-déchirement intérieur que la nature s'inflige à elle-même, cette roue de la génération primitive tournant sur soi à une vitesse folle, ainsi que les forces redoutables et efficientes de ce mouvement circulaire, trouvent à s'exprimer dans d'autres rites du culte archaïque des dieux plus effrayants encore, telles ces furieuses lacérations, ces auto-émasculations (que ce soit sous la pression intolérable qu'exerce la force ou du fait de sa perte en tant que puissance d'engendrer), ce cortège où l'on traîne les membres déchiquetés d'un dieu lacéré, ces danses insensées et furieuses et l'impressionnante procession de la mère de tous les dieux traînée sur un char aux roues d'airain, dans le tumulte d'une musique sauvage, assourdissante et déchirante. Car rien n'est plus proche de cette folie intime que la musique, qui, en écartant constamment de leur centre puis en attirant à nouveau les sons, reproduit à la perfection le mouvement originaire et prend elle-même la forme d'une roue tournoyante, émergeant d'un point unique et revenant à chaque fois, au prix de toutes sortes d'excès, à son commencement » (*ibid.*).

Cette roue de la naissance, cette folie d'auto-lacération constituent aujourd'hui encore le fond le plus intime des choses. « L'effrayant est la véritable étoffe fondamentale de l'existence et de la vie » (AM 339). « Dieu lui-même doit ressentir toute la profondeur et les terribles forces de son être » (AM 326). Lorsqu'il retrouvera dans les mythes grecs l'image de cette force démente qui est la force authentique de la nature, Walter Otto, en référence aux *Âges du monde*, fera de Dionysos le symbole de cette vie qui, dans sa jouissance la plus profonde, devient folle (Otto 1969, p. 149).

Finalement, c'est à l'art qu'il revient de faire apparaître à travers ses produits la souffrance de l'esprit et le vrai visage de la nature : elle est le principe obscur, le principe irrationnel, le chaos, un vouloir aveugle qui porte en lui la possibilité du mal (*Rech.* 362, 374). Elle est en un certain sens une erreur (PhM 645). Elle ne cesse de faire naître la beauté, mais elle le fait en vain. Elle est « comme une promise merveilleusement parée dont le fiancé serait mort la veille du mariage » (GPP 480). Elle est en deuil d'un bien perdu. C'est la mélancolie, ce qu'il y a de plus obscur et de plus profond, qui nous relie à elle. « À toute vie s'attache une irréductible mélancolie » (*Conf.* 465).

La nature en Dieu. « Ce mouvement alternant (*motus aeternus*), cette éternelle inspiration et expiration, cette systole et diastole, de même que le premier moment de toute vie naturelle, doivent aussi constituer le commencement de la vie spirituelle » (AM 327). Sans une « véritable dualité » en lui, sans l'opposition d'une force expansive et d'une force restrictive, Dieu n'aurait pas d'être (*Monument* 74). La personnalité a besoin pour se déployer d'une finitude, d'un négatif. Par opposition au soi de Dieu, qui est amour, ce qui en Dieu n'est pas Dieu est sa nature. Cette nature, qui se manifeste dans le conflit des puissances, est une nature à peine naissante, une nature « qui veut naître, mais ne le peut pas » (*Initia* 141).

Progressivement, Schelling va appeler naturalisme non plus le système de la nature extérieure, mais « le système qui affirme une nature en Dieu » (*Monument* 69). Cette intériorisation de la nature comme fondement constitue l'enjeu principal de la philosophie intermédiaire.

« L'idéalisme, qui consiste proprement dans la dénégation ou la non-reconnaissance de cette force originaire de négation, apparaît comme le système général de notre temps » (AM 212). Son esprit serait d'anéantir le monde si l'être ne résistait à la pensée. Son destin est l'acosmisme, car il ignore l'existence d'une « active obscurité » au cœur des choses sur laquelle rien n'a de prise. Cette force incoercible s'oppose à la lumière, résiste à la révélation, mais empêche aussi que tout se dissipe en pures pensées.

En se détournant de la nature, la philosophie moderne ne s'est pas faite métaphysique, mais « hyperphysique » (*Clara* 4). Sans l'explication de la nature, le théisme ne peut élaborer qu'un concept de Dieu incertain, « sans rien percevoir de ses effets ni de ses rapports » (*Monument* 68). Au contraire du naturalisme, qui a un commencement propre, mais ne peut se terminer lui-même et aspire à se transfigurer dans le système supérieur, le théisme ne peut commencer par lui-même : sans le naturalisme, il flotte dans le vide et c'est bien lui qui a le plus intérêt à entrer en rapport avec son contraire. Pour « ne rien exclure, ne rien opprimer » (*ibid.*) – ce qui est le mot d'ordre schellingien par excellence –, une liaison vivante doit s'établir entre les deux systèmes. Quand bien même le théisme aurait une dignité plus haute que le naturalisme, les deux systèmes ont une égale réalité et, puisqu'ils sont également indestructibles, il faut les concilier sans les confondre.

L'éveil de la conscience. Le temps originel est celui de la plus grande densité, le temps d'une absolue réclusion. Ce temps archaïque, effroyablement ancien, cet état d'indistinction antérieur à toute existence personnelle n'est que ténèbres et fermeture. Une contraction première, un premier moment de resserrement précède l'existence des choses. La force qui retient, qui contrarie le mouvement est la force radicale de la nature, qui domine le premier âge du monde, l'âge du passé. La spéculation doit reconnaître dans cette obscurité insondable de l'être le fondement de la vie divine et de toute vie, l'enveloppement préalable à partir duquel le fruit viendra s'épanouir. Ce retrait originel est une limite infranchissable : « c'est à peine si dans les paroles divines révélées resplendissent quelques éclairs qui déchirent ces antiques ténèbres » (W 10).

La force de négation originelle, la force aveugle qui comprime l'essence est la mère et la nourrice de la nature tout entière. Cette force d'enveloppement, d'inclusion, de refoulement, cette « négation active » (W 230) laisse surgir les choses seulement contre son gré et maintient jusqu'au bout une contradiction qui entrave le mouvement.

Exister consiste alors à se détacher de sa nature, à surmonter ce qui en soi n'est pas soi-même, à transfigurer en lumière le principe obscur pour laisser surgir l'esprit. Mais progresser veut dire aussi laisser derrière soi un élément irrationnel jamais totalement dépassé, un réel. « Si le Non n'existait pas, le Oui n'aurait aucun soutien » (W 232). Ce qui nie toute révélation forme le fond de la révélation : pas de Moi sans Non-Moi antécédent.

Le commencement de la conscience en Dieu consiste à se scinder de soi, à s'opposer à soi. À l'état inconscient, Dieu a les deux principes en soi et ne se reconnaît ni dans l'un ni dans l'autre. Le commencement de la personnalisation est le moment où, par sa contraction, le plus bas se dissocie du plus haut avec lequel il était dans le mélange et l'indifférence et se trouve refoulé. Avec l'éveil de la conscience, Dieu se pose pour partie comme première puissance, comme inconscient. « Il ne saurait se contracter en tant que réalité sans s'épandre en tant qu'idéalité, se poser comme réal, comme *objet*, sans *en même temps* se poser comme *sujet* (sans libérer ainsi l'idéal) » (*Stutt.* 96).

Ainsi la vie divine a elle aussi « ses temps et ses périodes de développement » (W 83). Les puissances trouvent leur véritable objet d'élection dans le devenir et apparaissent comme d'authentiques forces de développement, qui nous amènent à penser le temps comme « quelque chose de vivant » (T 1814, 36). Schelling n'hésite d'ailleurs pas à en dramatiser la description : si A est l'affirmation, l'idéal, B la volonté de négation, le réel, « A = B est en quelque sorte la volonté mauvaise par laquelle A est mis à mort ; A^2 est la volonté bonne qui anéantit ce A = B et ne peut pourtant pas exister sans lui ; A^3 est la volonté pure qui ne veut rien » (T 1815, 65). Le Père est l'intériorité close sur soi ; A^2 la lumière qui s'oppose au mouvement sans règle de la nature initiale, mais aussi le Fils qui, né du foyer de contraction du Père, en éteint la colère ; A^3 est l'Esprit « affranchi de l'antagonisme entre la force contractante du Père et la force d'expansion du Fils » et en qui ces deux forces parviennent à l'égalité (W 82).

Or ce qui est sans conscience en Dieu est aussi infini que lui, et il n'est donc pas vite épuisé, d'où la durée du procès de création du monde. Ce procès ne s'arrête véritablement qu'en l'homme, où la plus grande masse d'inconscience est haussée au degré supérieur. En lui, Dieu se repose pour la première fois (*Stutt.* 98).

L'homme est le point central de la création. En se chargeant du devenir cosmique, il laisse Dieu libre à l'égard du temps : « n'est-ce pas précisément parce que l'homme (la conscience humaine) assume et porte en soi les moments du devenir que Dieu est libre par rapport à tous les moments de ce devenir, autrement dit qu'il est l'*être* pur ? » (T 1809, 49) Le Moi ici intériorise, prend en lui le temps, plutôt qu'il ne se pose lui-même de toute éternité. « L'homme est la nature qui pose Dieu – aussi la nature en lui est-elle ce qui pose Dieu. Mais alors

Dieu n'est pas posé simplement – mais historiquement »
(T 1810, 43).

De la même manière qu'en Dieu, il y a en l'homme
un principe conscient et un principe inconscient. « Le
procès de notre autoformation – que nous cherchions
à nous former au point de vue de la connaissance et de
la science, ou bien moralement, ou encore, sans aucune
limitation, par la vie et pour la vie –, ce procès, dis-je,
consiste toujours en ceci : élever à la conscience ce qui
en nous subsiste sans conscience, élever à la lumière nos
ténèbres innées, en un mot accéder à la clarté » (*Stutt.* 96).

« Des *Âges du monde*, je ne peux toujours pas me
séparer. C'est un enfant de l'amour que j'aimerais
choyer pendant des années » (*Cotta* 56), confiera bientôt
Schelling. Les *Leçons d'Erlangen* (1821) et toute la
dernière philosophie prolongeront effectivement l'effort
entrepris entre 1809 et 1815 pour placer Dieu au-dessus
de toute vie comme de la sienne propre. Il pourra alors
apparaître comme un authentique sujet et la conscience
humaine comme le support extatique de son existence.

PHILOSOPHIE POSITIVE ET PHILOSOPHIE NÉGATIVE

De tous les philosophes idéalistes, Schelling a sans
doute été le plus épris de réalité, le plus soucieux de se
confronter au monde de la vie, sous les aspects de la
nature, de l'art, de l'histoire ou du mythe. La philosophie
des *Âges du monde* prenait elle-même un réalisme
de liberté pour point de départ. À partir de 1827, cette
tendance mène à l'élaboration d'une philosophie positive,
soucieuse d'appréhender Dieu lui-même comme réel. La
philosophie positive est celle « qui admet, pour expliquer

le monde, quelque chose de positif, la volonté, la liberté, le fait, et non quelque chose de simplement négatif, saisissable par une simple nécessité de la pensée » (*Intro.* 37). Elle conduit la raison à comprendre le monde comme une œuvre de liberté, comme un réel librement posé et décidé.

L'imprépensable. Comment la philosophie en général doit-elle commencer, est la question la plus fondamentale (GPP 102)? L'idée qui nous guide depuis le début, celle de l'inconditionné, nous conduit maintenant à chercher un commencement radical et à refuser toute conception de l'Absolu comme résultat de la pensée. Elle nous pousse, en un mot, à réorchestrer le thème kantien du primat de l'existence sur la spéculation (*L'unique fondement possible d'une preuve de l'existence de Dieu*, 1763).

La philosophie doit s'appuyer sur quelque chose d'inconditionné, d'inconstructible, qui soit de l'ordre du pur donné. Elle doit le chercher dans l'autre de la raison, dans ce qui n'a rien d'une idée, dans le *Dass* pur, dans le *Que* de l'exister divin. La philosophie positive part de « l'existence absolue », de l'existence que la pensée ne peut présupposer, mais qui, elle-même, « présuppose toutes les pensées » : l'existence est le positif (*Philosophie der Mythologie 1841*, p. 207).

La pensée de Schelling est celle de l'imprépensable. La première philosophie elle-même cherchait dans le Moi un être antérieur à toute pensée et à toute représentation (DM 90). Ici, l'existant nécessaire existe « avant même de se connaître » : « il est étant avant même qu'il ne se pense, il est donc étant de manière imprépensable » (PO 166).

Or l'être aveugle n'est pas Dieu, mais le non-Dieu (*Ungott* : GPP 339). Dieu lui-même le trouve comme déjà posé. Le Dieu qui serait simplement *actu* ne serait qu'accidentel. Nous voulons ce qui est au-delà de l'acte, ce qui est plus qu'acte, un Dieu qui n'est pas seulement l'être immémorial, mais qui *peut* l'être (Vetö 1998, t. II, p. 225).

L'*actus purus* ne peut rien commencer, il est figé et immobile. « Mais puisque quelque chose d'autre existe en dehors de lui, c'est qu'il a dû y avoir un moyen de le surmonter » (PO 161). De manière imprévue, la possibilité d'un autre a dû lui apparaître. La possibilité d'un être qu'il a pu élever à l'effectivité par son seul vouloir l'a rendu libre à l'égard de son être imprépensable. Une archi-possibilité a donné pour la première fois à soi-même cela qui est le proprement étant dans l'être imprépensable. Pour la première fois, une mobilité est advenue (AD 343).

Le Seigneur de l'être. Dieu est un « être particulier » (*Initia* 151). Or être une personne, c'est avoir un pouvoir sur soi ; c'est, pour Dieu, n'être lié à rien, pas même à son être. Parce que Dieu est le Seigneur de son propre être, il est, selon une dénomination de l'Ancien Testament, le Seigneur de l'être en général, le « Seigneur de tout » (*Initia* 150).

Le Dieu vivant « dispose de son être » et trouve dans sa propre force de quoi s'assurer de lui-même (PO 170). Dieu n'est pas Dieu pour des raisons particulières, mais « *jure positivo* » (*Initia* 90). Il est *securus sui*. Il est tellement assuré de son être qu'il ne risque rien en le mettant en suspens, en le réduisant à la puissance, et son vouloir est tellement fort qu'il peut laisser se manifester ce qui ne devait pas être. Sa liberté est de se donner et de ne pas se donner, de ne pas être son être et de pouvoir se nier. La liberté est mouvement, possibilité de sortir hors de soi, de s'élever au-dessus de soi, mais aussi et surtout de s'abaisser, de décliner. La limite du rationalisme est de ne connaître Dieu que comme substance immanente, alors que, selon son concept, il est non-substance.

Le Dieu de la philosophie positive ne s'aliène pas. Il n'est pas le dieu en devenir, le dieu *in fieri* de Goethe ou de Renan. Il n'aliène que sa forme (SdW 52). En tant qu'esprit, il maintient son unité dans la séparation, il est libre de chacun de ses modes.

Surtout, il est libre de soi, libre pour autre chose : « l'action de Dieu ne consiste pas en l'autoposition (il n'en a pas besoin), mais plutôt à poser quelque chose d'autre » (SdW 153). Il est artiste au sens où toute la magie de l'art est de « se faire oublier derrière son œuvre », de se transporter en quelque chose d'autre (*Intro.* 130). Rien n'est plus divin que le pouvoir de produire autre chose que soi-même. Se penser soi-même n'a rien d'agréable, c'est même une chose particulièrement pénible. « Dieu est le grand bienheureux [...] parce que toutes ses pensées se situent en permanence dans ce qui est extérieur à lui, dans sa création » (AD 352).

La création. La philosophie positive montre comment le Dieu vivant fait de l'être imprépensable un moment de soi-même, comment il « en libère son être » pour laisser de l'espace à la création (PO 191). L'idée d'une création *ex nihilo* est « le souffle matinal qui élève la philosophie dans le pur éther de l'esprit » (GPP 387).

Dieu suspend l'*actus* de son exister nécessaire et le change en une existence contingente pour poser à sa place un être différent de soi. Dieu, en créant, ne s'aliène pas dans le monde. C'est plutôt dans l'exister aveugle imprépensable qu'il se trouvait aliéné. Quand il pose cet exister hors de lui, il entre en soi-même.

« La création n'est rien d'autre que l'actualisation de la puissance de l'être-autre (A = B) et sa "réintériorisation" progressive par la puissance suspendue de l'être néces-saire (A²), jusqu'au moment où Dieu se trouve posé comme esprit existant, c'est-à-dire comme pouvoir-être-autre retenu (A³). C'est l'homme qui, dans la création, représente le point où l'unité initiale des puissances se trouve ainsi restaurée » (Marquet 1985, p. 518).

En créant, Dieu interrompt le mouvement rotatoire de ses figures, il introduit dans le pur flux de sa vie un commencement, un milieu et une fin clairement délimités. Mais ce motif interne n'est pas le vrai : Dieu a créé le monde pour la créature (PhR XIII, 278). Quand, dans le miroir de la Sagesse où il voit défiler les différentes possibilités, il aperçoit l'homme, il en devient fou. Il reconnaît en lui sa propre image. « C'est en l'homme que Dieu a aimé le monde » (*Rech.* 363). Le but ultime de la création est dans le désir qu'a l'Esprit absolu d'être connu par d'autres esprits. À quoi reconnaît-on un esprit élevé ? En l'homme, à la joie de connaître ; en Dieu, à la joie d'être connu. C'est l'unique besoin que nous devons concevoir dans une divinité qui, pour le reste, n'a absolument besoin de rien (PO 189).

La création doit être reconnue comme un acte au sens fort, à telle enseigne que l'image leibnizienne de la fulguration, qui, à l'époque de la philosophie de l'Identité, rattachait la substance divine à son image, est maintenant jugée « aussi peu active que chez Spinoza » (*Contribution* 51).

En faisant droit à un acte authentiquement créateur, la philosophie positive voulait se donner la forme d'une véritable histoire de la liberté. Le *Système de l'idéalisme transcendantal* avait déjà proclamé l'historicité de Dieu, mais cette historicité était sans risque, sans aventure, sans événement. Dans la dernière philosophie, cette histoire apparaît véritablement libre en trois de ses moments, dans l'acte de création, dans la chute et dans la restitution du monde au Père par le Fils. Aucune raison ne peut comprendre cette chose extraordinaire : que le créateur ait pu donner à une créature la puissance de remettre en question sa propre œuvre (PO 253). En chutant, l'homme perd le contact avec la divinité même et ne reconnaît plus ses puissances que dans leur séparation, sous la forme de puissances cosmiques et mythologiques.

En dehors de ces moments, il y a moins histoire que processus nécessaire, développement d'un schème idéaliste élaboré au contact de la nature. Une fois que Dieu a librement choisi de créer le monde, il le fait selon un ordre que l'on peut déduire spéculativement, celui établi par l'idéalisme. De même, c'est une loi universelle, une loi cosmique qui guide l'homme sur le chemin du salut. Le salut n'est pas un problème individuel, que j'aurais à résoudre d'une manière unique.

L'empirisme supérieur. Cet effort pour concevoir le monde comme le produit d'une création libre relève d'un « empirisme supérieur » (*Opp.* 198).

Une fois reconnue que la Révélation n'est pas un événement nécessaire, mais la manifestation de la volonté la plus libre et la plus personnelle, « une philosophie peut se croire en mesure de penser les motifs qui furent à l'origine de cette décision et d'en rendre

concevable le fait, l'exécution même » (PhR XIV, 12).
Elle peut chercher à dire les choses par suite de ce qui
s'est effectivement passé et rendre en partie concevable
par elle-même, en partie intelligible dans les éléments
essentiels de son exécution, cette volonté divine qui s'est
déployée dans la Révélation. Elle le peut « *après* que
cette dernière est déclarée et manifeste » (*ibid.*).

Cette description relève d'un empirisme, car « si l'on
peut établir *a priori* la liberté de Dieu, sa réalisation ne
peut se prouver qu'*a posteriori* (l'existence du monde) »
(PhMS 159). Un esprit ne se connaît que par ses œuvres,
dans son activité. Dieu ne peut être reconnu qu'à travers
ses conséquences, par ses traces. Il est un dieu des
signes. « Tu ne peux pas connaître ma face, mais tu me
connaîtras par ce qui me suit » (*Ex.* 33, 20 ; PhMS 25).
La philosophie ne peut s'élever au concept positif qu'en
prenant appui sur des « concepts concrets », des signes
(*Intro.* 56).

L'empirisme philosophique trouve dans l'aveuglément existant son point de départ et entreprend de
vérifier à partir de lui, par le fait, par l'expérience, si
l'absolu est Dieu. L'imprépensable doit se montrer
adéquat au concept, mais, puisque cela ne peut se faire
immédiatement, il faut le faire progressivement et même
continûment. Ce qui est premier en philosophie n'est pas
quelque chose de démontré, mais quelque chose qui est
à prouver toujours. « La preuve n'est achevée en aucun
point, le présent lui-même n'est pas pour elle une limite ;
un avenir s'ouvre ainsi à la philosophie positive, qui ne
sera qu'une preuve continuée » (PO 147).

Dans la mesure où Dieu se produit comme esprit,
la preuve de son existence est toujours différée. La
philosophie positive est dans l'obligation de prendre pour

preuve l'expérience dans son ensemble. Elle cherche une « preuve qui passe par toute l'effectivité », « par toute la durée de l'espèce humaine » (*Philo. ratio.* 571). Elle est *philo-sophie* au sens où le travail de la preuve n'est jamais clos, mais demeure l'œuvre de la liberté. Alors que les preuves intellectuelles sont contraignantes même pour les esprits bornés, nul ne peut être forcé de tirer profit de l'expérience. En devenant œuvre de la liberté, la philosophie devient en même temps une science historique.

Le système historique. À la fin de sa vie, Schelling tient ce propos singulier à son frère : il serait plus facile de compléter le Nouveau Testament à partir de l'Ancien que l'Ancien à partir du Nouveau. Son frère, surpris, lui objecte que la certitude nous vient du Nouveau Testament, Schelling répond : la certitude n'est pas la chose suprême si l'on ne sait pas comment on y est parvenu (*Spiegel* II, 114). La philosophie ne doit pas seulement décrire des faits, mais reconstituer des genèses. Notre tâche est de rendre la philosophie explicative, historique, car ce qui est historique suscite l'étonnement et requiert l'explication.

Le mérite de notre époque est d'avoir fait entrer en philosophie l'idée d'un procès effectif, qui se produit dans les objets mêmes : « c'est la chose, l'objet même qui par son mouvement produit la science » (*Contribution* 30). Une science du réel ne peut qu'être une science en mouvement, une science qui progresse et se développe en même temps que son objet. Or, avoir rendu possible une telle philosophie, en avoir jeté les bases, est le mérite qui s'attachera pour toujours au nom de Fichte. Avec son concept du Moi, c'est-à-dire d'un sujet qui se détermine en avançant, Fichte a établi le principe de tout mouvement autonome, il a introduit le mouvement en philosophie. Son seul tort est de n'en avoir « rien fait » (GPP 177). En vérité, c'est au *Système de l'idéalisme transcendantal* que l'on doit l'introduction de la méthode historique et progressive qui est l'inspiratrice des trouvailles heureuses dont la philosophie peut aujourd'hui se prévaloir (GPP 183).

La « vraie réforme de la philosophie » serait de remplacer les systèmes non-historiques par le vrai système historique (GPP 80). Schelling est le seul postkantien qui ait pris au sérieux le principe historique et ait essayé de le concilier avec l'exigence philosophique, sans se contenter d'un vague compromis comme Hegel (Hartmann 1875, p. 422). Avec lui, l'histoire se trouve introduite au cœur même de la philosophie. « L'histoire est l'autorité la plus irrésistible. Je ne dis pas comme Schiller qu'elle est le tribunal du monde, mais que ses jugements sont les jugements de Dieu » (*Urf.* 697).

À compter du moment où être signifie vouloir, la philosophie ne peut manquer de prendre une forme historique. Une volonté ne se révèle qu'à travers une histoire, par ses actes. Un « système positif » ayant pour tâche d'expliquer la personnalité, la volonté, l'acte doit être un système historique (*Opp.* 200).

Le « *triste épisode hégélien* » (*Plitt* III, 63). Hegel lui-même n'a pas résisté à la « puissance du positif » et a dû l'introduire en contrebande dans son système. Sa faute a été de chercher à le déduire conceptuellement et de proposer un mélange intenable du positif et du négatif (*Spiegel* II, 217).

Au moment d'entrer sur la scène philosophique, Schelling et Hegel s'étaient pourtant présentés comme

« deux jeunes hommes décidés à tout oser et tout entreprendre, s'unissant pour accomplir la même œuvre de différents côtés » (*Plitt* I, 92). Leur proximité était si grande qu'on parlait de l'« entreprise Schelling et Hegel » (BUD III, 59 n.). C'est dans ses leçons de 1805 sur l'histoire de la philosophie que Hegel avait commencé à prendre expressément ses distances avec la philosophie géniale de Schelling et ses disciples Troxler, Oken et Steffens.

Une fois la séparation consommée, Schelling refuse de voir dans la philosophie hégélienne un développement de sa doctrine antérieure ou son extrême conséquence. Elle est un dévoiement de sa pensée et même le mot de Kanne est insuffisant : « le point que Schelling atteint en volant, Hegel le cherche en rampant » (GPP 224). Hegel est le Vieux de la montagne, le chef de la secte des Assassins (*Plitt* III, 94).

Quand on met l'abstraction et la négation au principe de tout, il n'est plus possible de passer dans la vie. La philosophie hégélienne ne voit l'explication de la variété que dans une progression mécanique et monotone, qui ne comprend rien aux catastrophes qui marquent le mouvement des choses. Le monde ne consiste pas en pures catégories ou en purs concepts, mais en choses concrètes et contingentes. La philosophie doit faire ses preuves en se confrontant à son autre, à l'illogique, à ce qui n'a rien d'un concept et ne l'accepte que malgré lui. Même porté à sa plus haute puissance, le concept ne nous donne pas un passage à l'être-là effectif, à l'existence. Il n'y a donc rien à garder d'un système qui fait du concept Dieu même (*Contribution* 127).

La philosophie cesse d'être la science de la pensée vraie lorsqu'elle se figure que, dans l'objet, rien n'est contenu de plus que la simple pensée. La « délicatesse de la pensée » consiste à aller au-delà de soi, à se porter sur l'objet et non à penser sur la pensée (*Contribution* 169). Quand la pensée se détourne de ce qui est *erfahrungsmäßig*, de l'être positif connu de fait, et cherche son *prius* a priori, dans une essence absolue, elle s'empêtre littéralement dans le néant (*Intro.* 38). C'est ce qui conduit Hegel à se représenter Dieu comme un absolu impersonnel qui, dans la joie de son activité, n'a affaire qu'à soi-même.

Que Schelling démarque sa pensée du « système de la nécessité et du néoplatonisme » hégélien (*Plitt* III, 41) ne veut cependant pas dire qu'il désavoue toute déduction de type apriorique relativement à l'origine et au devenir du monde. Il désapprouve au contraire expressément les analyses de Friedrich Julius Stahl, qui avait présenté le projet d'une philosophie historique comme une réfutation intégrale de l'hégélianisme. L'activité créatrice de Dieu devait se soustraire, croyait-il, à toute nécessité et la philosophie de la liberté ne se soumettre à aucun schème rationnel de type idéaliste (*Plitt* III, 99 ; Bausola 1975, p. 31). La philosophie positive n'est pas un irrationalisme et reconnaît même des droits à la philosophie rationnelle tant qu'elle demeure négative et critique.

La philosophie négative. Comment la conscience peut-elle se donner le point de départ dont elle a besoin, l'existence nécessaire ?

Pour s'élever à la conscience de soi, la raison doit suivre ce qui se découvre de soi-même en elle. Pour isoler l'objet qui lui appartient spécifiquement, elle ne peut rien exclure d'avance, mais doit « traverser tous les objets possibles » (PhR XIII, 148). « Par exclusion et élimination », elle doit rejeter tous les contenus qui ne lui appartiennent pas par nature, avant d'atteindre celui qu'elle prendra pour elle-même comme objet de sa connaissance. Si elle veut « s'assurer non seulement du contenu de ses objets possibles, mais de leur dénombrement complet et de leur ordre conséquent » (*ibid.*), elle doit partir de l'être comme pur contenu immédiat de la raison. Elle montre comment tout advient à l'être et établit « ce qui est premier dans l'être, ce qui est second, etc. », en se servant du premier comme d'un échelon pour le suivant. Elle met ainsi au jour « l'organisme interne des puissances successives, cet organisme qui donne à la raison la clef de tout être, étant l'organisme de la raison elle-même » (PhR XIII, 76). La raison découvre en elle-même le contenu originaire de tout être, articulé selon un ordre nécessaire.

En se dirigeant vers le contenu qui lui appartient en propre par exclusion de tous les contenus particuliers dans lesquels elle s'était aliénée, la raison découvre sa propre mobilité. La philosophie négative est une philosophie héraclitéenne, prise dans une mobilité universelle ; elle est « la science qui ne demeure auprès de rien » : ὅτι πάντα χωρεῖ. Le sujet « reçoit la frappe d'un objet » et cède la place au terme supérieur. C'est ainsi que la science rationnelle comprend *a priori* ou construit l'Étant (PhR XIII, 96).

Cette construction suppose cependant le contrôle de l'expérience : « que ce qui est construit existe effectivement, cela seule l'expérience le dit, non la raison » (PhR XIII, 62). Le contenu de l'existant peut être vu *a priori*, mais la raison ne peut se porter garante de l'exister effectif des formes singulières qu'elle comprend : elle doit avoir rapport à chaque instant à l'empirique. Bien qu'elle n'ait pas l'expérience pour source, elle doit donc l'avoir pour « compagne » (*ibid.*).

Une fois qu'elle a assigné toutes les déterminations finies à cette connaissance qui lui est étrangère, elle découvre ce qu'elle a de plus propre, ce qui « est à demeure en elle », ce qui ne peut plus céder la place. Quand elle parvient à cela qui Est, « la pensée trouve enfin un contenu qui ne lui échappera plus et qui dans la mesure où il n'outrepasse pas la pensée, est Identité (et non plus simplement indifférence) du concept et de l'être ». Cette identité n'est pas « l'égale possibilité des deux », mais « l'égale effectivité, l'identité absolue du sujet et de l'objet » (PO 114).

Pour la science rationnelle, tout ce qui fait l'objet d'un devenir doit être attesté empiriquement. Seule l'idée dernière à laquelle elle parvient quand elle entre pleinement en possession de son contenu ne peut l'être. Avec le concept de Dieu, l'attestation expérimentale est impossible. La raison entre en crise. La crise ultime de la philosophie négative a donc pour cause les limitations de l'expérience. Elle reconnaît sa propre limite là où l'expérience trouve un terme (PhR XIII, 102).

L'idée de l'existant nécessaire, loin d'ouvrir la raison sur le réel, l'en écarte définitivement : cette idée-limite la replie sur elle-même. La pensée doit s'arracher à elle-même pour atteindre l'existence et s'atteindre elle-même. « Ce dernier renversement paralyse cette science et, de la sorte, elle sait aussi qu'elle est achevée » (PO 110).

L'extase de la raison. L'existence de ce qui pouvait recevoir la confirmation de l'expérience laissait le sujet philosophant impassible. Le concept ultime ne le laisse pas indifférent. Quand la raison pose l'être infini comme un absolu hors de soi, comme le transcendant absolu, l'idée d'un tel infini la renverse et la fait entrer en extase ; elle perd sa liberté et se trouve démunie devant la transcendance de son propre contenu (PO 159). Il fallait pousser la puissance de la raison à son paroxysme pour qu'elle fasse l'expérience de sa propre impuissance.

L'aveuglément existant a rapport à la raison avant toute idée donnée (PO 157). Pour que la raison se confronte à cet être antérieur à toute pensée, à cet être non-conceptuel « absolument représenté » (PhR XIII, 173), elle doit être posée hors d'elle-même, de manière absolument extatique. L'être précédant toute pensée n'est pas fondement, mais abîme. Avec cette présence excessive d'un être dont elle ne sait que faire, la raison fait l'épreuve d'un dessaisissement. La raison est prise de vertige ; elle est mise hors d'elle-même. Elle se trouve réduite au mutisme, stupéfaite, terrassée, engloutie, anéantie, transie (PhR XIII, 165).

Quand elle pose l'être avant soi, elle entre immédiatement en extase. Elle découvre alors qu'elle ne peut se rejoindre elle-même que dans le renoncement. Elle comprend qu'elle n'est pas sa propre origine, qu'elle est dépendante (*tua res agitur* : PhR XIII, 171).

L'extase de la raison est tout autre chose qu'une extase mystique, d'abord parce qu'elle advient à la raison de l'intérieur, ensuite parce que le mystique prétend connaître extatiquement à la fois l'essence et l'existence, alors que l'extase de la raison a précisément pour fonction de maintenir une séparation entre la simple essence et le *Dass* pur (PhR XIII, 163 n.).

Une fois encore, la connaissance la plus haute a un caractère intuitif. Mais, alors que dans les premières œuvres, l'intuition intellectuelle prenait la forme d'une vision claire et directe, l'extase de la raison n'atteint son objet qu'à travers un rapport négatif, un savoir nescient, une docte ignorance. On rompt ici définitivement avec l'idéalisme : l'intuition intellectuelle nous donne accès à l'essence, mais pas à ce qui précède l'essence.

La philosophie négative s'achève quand elle admet son propre néant et pose l'absolu en dehors d'elle, dans une autre science. La science de l'immanence, dans laquelle l'esprit se prend lui-même pour objet, doit chercher sa vérité à l'extérieur de soi. La position de l'absolu comme Tout Autre est alors le commencement extatique, mais voulu, recherché, désiré, d'une science de la transcendance. Le moment extatique, la rencontre de l'existence nécessaire n'est pas un sommet, mais un moment que la pensée doit conjurer. Il doit être surmonté aussitôt qu'il est posé.

La philosophie positive. Le résultat suprême auquel parvient la philosophie négative est celui de l'argument ontologique. Or, tout ce que montre cette preuve, c'est que Dieu, *s'il* existe, existe nécessairement. L'existant nécessaire est Dieu, si Dieu est. La « raison aveugle » (AD 349) ne connaît Dieu que comme Idée, comme le concept du pur, du simplement existant, non comme un contenu effectif.

Ce qui existe purement, uniment, sans possibilité antécédente n'est pas connu, possédé, fondé. Aussi « la fondation ne doit pas être comprise comme si la fin de la philosophie négative était le commencement de la positive. Il n'en va pas ainsi. La première transmet à la seconde son aboutissement, non comme principe, mais comme tâche » (PhR XIII, 92).

L'être donné est à conceptualiser. « On pourrait dire que ce qui précède la pensée, c'est l'inconcevable, l'incompréhensible. Mais la philosophie transforme cet *a priori* en un *a posteriori* compréhensible. Dieu dans l'incompréhensibilité de son être n'est pas le vrai Dieu. Le vrai être de Dieu est son être compréhensible » (PO 161). La philosophie positive « se décide à partir de l'être antérieur à toute pensée. Mais elle ne se soumet à celui-ci que pour se redresser aussitôt contre lui, et cela au moyen de la question : qu'est-ce que l'étant imprépensable ? » (AD 345). Aussitôt posé le *Dass*, le Que, la philosophie positive en demande le Quoi, le concept, le *Was*. Elle cherche à passer de l'« éternité de l'existence » à « l'éternité de l'essence » (AD 342) : avec le pur *Dass*, on ne peut rien commencer. « Afin qu'il se convertisse en science, l'universel, le *Was* doit s'y ajouter » (*Philo. ratio.* 565).

On n'atteint un Dieu personnel, un Dieu qui soit « un *Er* et non un *Es* », un *Il* et non un *ça* (SdW 130), qu'en partant du simple exister pour voir si, à partir de lui, on peut parvenir à la divinité. Il faut que, dans le *Daß*, un Dieu personnel, à même d'expliquer tout être dans son existence, soit reconnaissable. Il faut partir de l'existence nécessaire de Dieu pour le retrouver libre de son être. La nécessité n'est pas la négation, mais la condition matérielle de sa liberté. Poser Dieu, non comme l'exister pur, mais comme un existant nous donne les ressources pour penser un mouvement vivant.

Ce mouvement est encore une fois structuré par les puissances (pouvoir-être pur, être pur, pouvoir-être posé comme être), lesquelles constituent l'ensemble des possibilités, le « matériel métaphysique » (*Plitt* III, 229). Chaque créature est le produit de ces puissances démiurgiques (*unus creator, tres creantes*). La première est le sujet, qui offre un soubassement à autre chose, mais menace à chaque fois de déborder et d'être pour lui-même (cause occasionnelle). La deuxième puissance s'efforce de le contenir (cause efficiente) et d'établir la troisième puissance comme un sujet-objet équilibré et hiérarchisé (cause finale). Dans le monde, ce qui devait être refoulé et caché est manifeste. « Les puissances dans leur exclusion et leur inversion réciproque ne sont que le Dieu extérieurement déguisé du fait de son ironie divine ». Elles sont dans le monde l'Un inversé, *Universum* (SW XII, 90). Mais c'est elles aussi qui nous aident à penser le mouvement par lequel Dieu assure progressivement la prépondérance de l'idéal sur le réel.

Une philosophie en deux. Le problème de l'articulation des deux philosophies ne cesse d'occuper Schelling dans ses dernières années. Le passage de la philosophie négative à la philosophie positive est « semblable à la transition de l'ancienne à la nouvelle Alliance, de la Loi à l'Évangile, de la nature à l'esprit » (*Philo. ratio.* 571).

En un premier temps, il apparaît que la raison aurait pu en rester à la philosophie négative, que d'elle-même elle n'avait pas besoin de se nier. Pourtant, lorsqu'elle se comprend intégralement, la philosophie négative découvre en elle-même l'exigence d'une philosophie positive. Elle pourrait être pour soi, mais si elle ne se souciait pas de la philosophie positive, elle ne serait plus véritablement philosophie : c'est de son rapport à la science positive qu'elle tient ce qu'elle a de plus authentique. La philosophie négative « ne devient digne du nom de philosophie que dans son dernier moment, grâce à sa relation avec la positive » (PhR XIII, 151).

« Bien que nous voyions de façon indubitable que la philosophie s'accomplit seulement en deux sciences, notre dernier examen a fait disparaître l'apparence trompeuse (*Schein*) de deux philosophies différentes subsistant l'une à côté de l'autre, apparence qui serait assurément un scandale pour la philosophie » (PhR XIII, 152). C'est la philosophie même qui est positive et négative. Mieux encore, « la philosophie positive ne reçoit son horizon que de la philosophie négative » (Heidegger 2010, p. 346).

« Ce qui a chuté loin de Dieu, mais aussi la science elle-même, cherchent à aller aussi loin qu'il est possible d'aller sans Dieu. La philosophie négative est la science du monde sans Dieu. Il est naturel au rationalisme – on ne lui en fera pas le reproche – de chercher à maintenir Dieu aussi loin de soi qu'il est possible et de l'exclure, afin, autant que possible, de tout expliquer naturellement. La philosophie négative est la sagesse du monde, dont le seul tort est de vouloir être sagesse de Dieu. La philosophie positive et la religion elle-même dans sa puissance la plus haute appartiennent à un autre monde, elles ne sont pas de ce monde » (T 1846, 76).

Il est exagéré de dire que la philosophie de Schelling finit par une défaite, par la dissociation de la philosophie rationnelle et de la philosophie positive, et qu'elle ouvre par-là sur l'inquiétude de l'esprit moderne (Bréhier 1947, p. 108). Mais il est vrai que les deux philosophies ne s'unissent pas en un système aussi coordonné et analytique que peut l'être le système hégélien. Entre elles, demeure une béance, un écart. L'absolu est et n'est pas système. Il donne lieu à un système, à une philosophie rationnelle, mais il se tient en tant que tel au-dessus du système et relève de l'histoire, de la narration.

Une telle articulation problématique du système et de l'histoire réapparaît au moment où Schelling développe la partie spéciale de sa philosophie positive sous les espèces d'une philosophie de la mythologie et d'une philosophie de la révélation. La plupart des leçons que Schelling donne sur la philosophie positive ont en effet trois parties : sur Dieu, sur la philosophie de la mythologie, sur la phénoménologie de la Révélation. La philosophie positive n'est pas à proprement parler une philosophie religieuse, mais une philosophie qui a le contenu de la religion comme contenu propre.

La philosophie de la mythologie. « Notre temps aussi a son *stupor*. Une philosophie formaliste a desséché la source vive de la connaissance, en s'isolant des faits, et ébloui les esprits en les fascinant. Dans un temps pareil, le contact d'un monde neuf, intact, vierge, la mythologie, doit opérer une révolution » (PhMS 249). La philosophie, que Hegel a paralysée, ne peut se revivifier qu'au contact des symboles fondamentaux de la conscience. Elle doit contracter une alliance avec un fait nouveau, le fait mythologique, un fait grâce auquel « l'expérience se trouve augmentée » (PhMS 7).

Du temps primitif le plus obscur, un monument nous est resté, la mythologie. La mythologie est la religion imprépensable de l'espèce humaine, la religion qui prévient toute pensée. Elle remonte « plus haut que l'histoire » (PhMS 19). Qui veut « restaurer la conscience dans sa totalité, dans son intégrité » (PhR XIII, 364) doit en faire son premier objet d'étude.

La *Philosophie de la mythologie* est une nouvelle science de l'expérience de la conscience. Elle décrit le mouvement universel de la conscience humaine qui se crée un monde à travers un jeu libre de représentations nécessaires. Les représentations polythéistes sont tissées dans la trame de la conscience et sont plus intimement liées à elle que peut l'être la pensée rationnelle. La conscience mythologique s'engage elle-même tout entière dans les contenus des représentations qu'elle suscite et édifie son propre monde. Prendre au sérieux la mythologie demande de rendre sa valeur à la conscience imaginative ou de reconnaître que « c'est la plus haute conscience humaine qui vit en elle » (IHC 222).

Les mythes sont intriqués à la conscience. Ce sont d'authentiques événements, qui se déroulent dans ce que Henry Corbin a appelé un monde imaginal, intermédiaire entre le monde sensible et le monde intelligible, que les philosophies du concept sont incapables de se représenter (Corbin 1978, p. 9). Schelling parle de leur « intranscendance » (*Leçons inédites* 222). Loin d'être une représentation subjective ou une abstraction, chaque figure mythologique est un concret de pensée qui exprime le fondement réel auquel la conscience est assujettie. Elle est une apparition, non une apparence, une forme réelle de la conscience.

La mythologie est donc le théâtre d'événements réels, bien qu'intérieurs à la conscience et à ses représentations. Elle est « une véritable histoire pleine de vie et d'activité, de merveilleuses aventures, de paix momentanées et de longs combats » (PhMS 18). Dans ses mythes, l'humanité « a vécu de pleine vie » (PhMS 7). Ils ont été réellement vécus et éprouvés. « Il faut bien que les autels où les pères versaient le sang de leurs enfants fussent sincèrement adorés » (PhMS 11).

Le mythe repose sur une radicale identité du signifiant et du signifié, du représentant et du représenté, de la nature et de la transcendance. Il ne renvoie pas à autre chose que lui-même. Les dieux « ne sont pas quelque chose d'autre que ce qu'ils signifient, mais ils signifient seulement ce qu'ils sont » (IHC 196). Il n'y a en eux aucun écart entre le réel et l'idéal. Leur sens idéal se dégage à même leur existence.

La mythologie « n'est pas allégorique, elle est tautégorique », selon une catégorie empruntée à Moritz et reprise un siècle et demi plus tard par Paul Ricœur comme image du second tournant copernicien qui a conduit l'herméneutique à admettre que « le symbole donne à penser » et que l'étant qui précède toute pensée s'annonce dans les symboles fondamentaux de la conscience (IHC 196 ; Ricœur 2009, t. 2, p. 568 et 574). Ce sont les mythes qui ont donné consistance à notre univers symbolique. Le plus grand lecteur de cette *Philosophie de la mythologie*, Eric Voegelin retiendra quant à lui qu'il n'y a pas d'idées dans l'histoire qui ne soient les symboles d'expériences fondamentales : après avoir découvert Schelling, il renoncera à écrire son *History of Political Ideas*, convaincu qu'il n'y a pas d'histoire des idées, ni d'idées en tant que telles, détachées des expériences concrètes qui ont motivé leur expression symbolique à travers l'histoire.

La religion naturelle. « On a toujours mal posé la question : comment la conscience arrive-t-elle à Dieu ? Elle n'y arrive pas, elle en part » (PhMS 230).

L'homme est en lui-même, et comme avant soi, conscience de Dieu. Il n'a pas cette « conscience de l'autre », il l'est (*Leçons inédites* 93). Il est entièrement immergé dans le divin, extasié en lui. La conscience originelle est une position substantielle, non actuelle, de Dieu. La mythologie est la religion naturelle, au sens où elle se comprend seulement à partir de ce qui dans la conscience pose naturellement Dieu au prix d'un processus nécessaire. Elle est une « religion sauvage », au sens où, « en allemand, on appelle feu sauvage le feu naturel du ciel et thermes sauvages des eaux thermales naturellement chaudes » (IHC 246).

Or il était impossible que l'homme persiste dans cette condition substantielle, dans cette relation essentielle à Dieu, où il n'était rien. S'il voulait être quelque chose, « l'homme se devait de rompre cette relation pour la rendre libre » (*Leçons inédites* 94). La philosophie de la mythologie raconte les conséquences de cette rupture.

En chutant, l'homme a à nouveau donné libre cours au principe aveugle, illimité. Toute mythologie commence par une erreur, la surrection du principe qui ne devait pas être. Toutes les religions mythologiques sont dominées par la puissance obscure et obscurcissante d'un principe *unheimlich*, s'il est vrai qu'on appelle *unheimlich*, étrangement inquiétant, ce qui devait rester dans le retrait et en est sorti.

Le principe exclusif, faussement unique, qui refuse aux autres puissances la divinité, ne peut être reconduit à l'intériorité que par un procès, secrètement animé par une autre puissance. L'Un que la conscience veut affirmer comme l'Un exclusif se diffracte inévitablement à ses yeux en une multiplicité, d'abord sous la forme d'un polythéisme simultané prémythologique (la religion astrale qui, à travers les corps célestes, rend un culte à la pure puissance), puis d'un polythéisme successif rythmé par la progression des puissances (PhM 172).

Le processus mythologique explique « comment naissent les peuples » (IHC 94). Ce ne sont pas, en effet, des déterminants politiques, mais des mouvements spirituels qui forment les nations : « la mythologie ne *détermine* pas, elle *est* elle-même le destin d'un peuple » (IHC 65). Un peuple est un ensemble maintenu par une unité de conscience qui n'existe jamais qu'après s'être décidé eu égard à sa mythologie. À l'exception de la Chine, qui n'a pas de mythologie, car elle s'est refusée au procès de l'histoire, le mouvement théogonique distribue à chacun son « rôle » (PO 212).

La première altération qui met la conscience en mouvement est pour elle incompréhensible. Au premier abord, la conscience ne semble pas vraiment être le sujet de ses représentations. « L'humanité est d'abord *un-frei*, non libre, saisie par une puissance étrangère, hors d'elle-même » (PhMS 231). Les représentations mytho-logiques sont les produits involontaires d'une conscience mise hors d'elle-même. Le monde de la mythologie est un monde intermédiaire, aperçu depuis un point excentré, par une conscience qui se trouve en un autre lieu, loin du centre dont elle est issue. Elle ne vit plus Dieu en son être, mais se voue au Dieu relatif.

La mythologie est la « forge obscure » dans laquelle s'est élaborée l'histoire divine (IHC 18). L'histoire du monde païen, cette abominable suite de crimes et d'erreurs, reproduit dans la conscience la grande aventure métaphysique de Dieu. Ce procès théogonique dans la conscience est un processus extradivin, qui passe par les mêmes stations que la nature a traversées et où les puissances se comportent encore comme des puissances naturelles (PhR XIII, 368).

La mythologie est donc une religion naturelle, mais pas directement une œuvre de la nature, comme l'entendait Schlegel. C'est elle au contraire qui soustrait l'homme à l'influence de la nature, dont elle a pour but la dédivinisation (T 1846, 65). Comme la nature, la mythologie a une vérité relative : comme elle, elle est en un certain sens une erreur ; comme elle, elle est transition à la vérité.

La mythologie se meut elle-même, comme peut le faire aussi une maladie (*Leçons inédites* 118). Il n'y a en elle que du successif. La signification d'une mythologie ne peut être que celle du processus à la suite duquel elle naît. Sa vérité est son historicité (*Leçons inédites* 74). Aussi faut-il la laisser parler à partir de soi, respecter sa problématique, « suivre l'objet dans son auto-développement » (PhM 137).

La mort des dieux. Le processus mythologique s'achève avec le Panthéon grec, quand le principe *unheimlich*, le principe caché qui aurait dû rester secret, est rabattu dans le mystère (PHM 649).

La « mélancolie qui, comme un doux poison, parcourt les œuvres les plus parfaites des Hellènes » tient à la situation médiane qu'ils occupent entre une religion des sens à laquelle ils sont soumis pour le présent et la religion purement spirituelle qu'ils pressentent. La douleur secrète qui parcourt leur vie religieuse tient à la conscience que « tout ce bel univers de l'apparence s'engloutira et cédera la place à une clarté plus haute et sans mensonge » (PhR XIII, 512).

L'époque de la mythologie est celle où règne la contradiction entre le créateur et la créature. Cette contradiction apparaît dans toute sa violence dans les sacrifices effroyables du polythéisme. Si elle en restait au paganisme, la conscience humaine se détruirait. On trouve encore aujourd'hui des échos de ces idées dans l'étrange hypothèse d'une subjectivité née de l'écroulement de l'ancien bicaméralisme psychique, c'est-à-dire de l'effondrement d'un monde où l'humanité se trouvait en proie à l'hallucination (Jaynes 1994).

Dans un premier temps, l'entendement s'efforce de surmonter cette contradiction en s'évadant du monde et en le laissant livré à lui-même. C'est la solution mystique.

Le rationalisme grec manifeste l'insuffisance de cette réaction anti-mythologique. La contradiction ne peut être surmontée que dans le réel, c'est-à-dire par une révélation (Tillich 1912, p. 96-104).

La mythologie ne s'éclaire qu'à partir de sa fin, la Révélation (*lux lucet in tenebris*). Mais, si la révélation est une histoire d'événements réels, c'est parce que la mythologie leur a donné leur profondeur (*Leçons inédites* 110). La mythologie est négative par rapport à la Révélation, positive par son effectivité, son historicité : « si, comme le dit Schelling, la philosophie positive est agissante dans la négative, c'est entre autres par la succession d'images concrètes que fait défiler la mythologie » (Tilliette 2003, p. 185).

La philosophie de la révélation. La Révélation est un processus dynamique : Dieu ne se manifeste qu'en dissipant un obscurcissement originaire (*Urf.* 10). La philosophie de la Révélation est le sommet de la philo-sophie historique, son triomphe. C'est pourquoi elle est essentiellement une philosophie du christianisme, au sens où celui-ci repose sur une « intuition historique de l'univers » (*Urf.* 5) et est la « religion de l'historicité » (PhR XIII, 195). Qui ne comprend pas le christianisme ne comprend pas non plus l'histoire.

La philosophie de la Révélation que Schelling propose à la fin de sa vie est apparue comme une des dernières tentatives pour résister aux découvertes de la critique historique et à la remise en cause de l'authenticité des écrits bibliques. Dans ses tout premiers travaux philologiques d'étudiant, Schelling s'était élevé contre toute forme d'exégèse dogmatique au profit d'une libre interprétation spirituelle et d'un nouveau réalisme biblique et il avait soutenu, sous l'influence de son maître

Schnurrer, qu'une approche critique et philosophique des textes sacrés devait laisser la Bible parler à partir d'elle-même (*Frühe theologische Arbeiten*, HKA II, 3-4). Les leçons de Berlin sur la philosophie de la révélation répètent qu'il faut laisser le christianisme s'expliquer à partir de ses propres prémisses et la philosophie positive se présente, surtout pour ce qui est de sa partie spéciale, comme un commentaire vivant des livres saints qui, plutôt que d'en suivre la lettre, cherche à en comprendre les contenus spéculatifs nécessaires. Il se démarque très nettement du projet qu'avait Friedrich Julius Stahl de faire de la Bible le principe de la philosophie (*Spiegel* I, 431).

Schelling, qui se dit l'adversaire de tous les traditionalismes et de toute autorité aveugle en matière de foi (*Plitt* III, 212), cherche en même temps, contre le rationalisme religieux (d'un Tindal par exemple) et le déisme « franc et sans alliage » qui est toute la sagesse de notre temps (*Vorwort* 399), à faire valoir la spécificité historique de la Révélation. Une exposition du christianisme vraiment satisfaisante ne consisterait certes pas à élaborer les vérités révélées en vérités de raison, selon une formule de Lessing qui a trop prêté à confusion, mais à permettre que la raison éclaire la possibilité des rapports sur lesquels reposent les principaux dogmes chrétiens (*Vorwort* 404).

Le Christ. Le Schelling de l'Identité s'intéressait moins au Christ qu'au christianisme, il était davantage un philosophe du christianisme qu'un philosophe *in Christo.* Dans sa dernière philosophie, au contraire, il donne pour tâche à sa philosophie de la Révélation d'expliquer la personne du Christ (PO 260), tout d'abord parce que c'est le Christ qui nous donne la conviction qu'il existe une unité effective « de Dieu et de la nature »

(*Plitt* II, 249), ensuite parce que c'est lui qui donne sens à l'histoire. Toute la philosophie de la religion consiste en un commentaire du Prologue de l'épître aux Éphésiens et de Jean 8, 58 (« avant qu'Abraham ne fût, j'étais ») : le Christ existait avant la fondation du monde et mènera les temps à leur plénitude.

La Passion du Christ ne commence pas avec son Incarnation. Il pâtit depuis le commencement. Il s'était rendu effectif dans la conscience humaine, dans le surpassement du principe réel. Mais, quand l'homme réveille à nouveau le principe sauvage et perturbe l'ordre des puissances, la deuxième puissance se trouve privée de sa gloire. Dieu, nié dans sa divinité par la faute d'un homme tombé sous la coupe de ce qui ne devait pas être, ne se présente plus à lui que comme un dieu de colère. Au terme du processus mythologique dont il est la figure médiatrice, le Christ est rétabli dans sa gloire. Il y renonce pourtant, car il ne s'est incarné qu'afin de se supprimer, par sa mort, comme puissance naturelle et faire place à la troisième puissance, à l'Esprit qui est de Dieu (PhR XIV, 237).

Ainsi est atteint le but final de la Révélation, qui est la « restitution de l'homme » et de la création entière (PhR XIV, 11). L'Esprit nous donne l'éternité et amène la conscience à sa vérité : « l'histoire est le processus dans lequel la conscience devient médiatement ce qu'elle était immédiatement : religieuse au sens absolu » (Tillich 1910, p. 50).

Philosophie de l'histoire. Maintenant que Hegel a proclamé la mort de l'art, il n'y a plus rien de sacré dans l'histoire. Il ne reste qu'un substitut : la divinisation « illibérale » de l'État (GPP 235).

Peu importe la positivité que l'État peut faire entrer en lui, il demeure du côté des forces les plus négatives et les plus réfractaires aux grandes manifestations de l'esprit. La crise qui affecte le temps présent prendra fin quand il sera remis à sa juste place, celle d'un fondement.

En tant que phénomène du *Grund*, l'État présente deux visages. D'abord, au lieu d'être une unité de libres esprits, il est une unité naturelle qui aspire à devenir un tout organique sans le pouvoir vraiment. Sa naturalité se reconnaît indirectement à l'impossibilité d'un État universel, directement au seul vice qui ne doive qu'à lui de s'être développé, « la pauvreté, le mal réparti dans de vastes masses », le rabaissement de l'homme à sa condition physique (*Stutt.* 146). La seule relation qui nous puissions avoir avec lui est une unité physique, une relation fausse, inversée. L'humanité qui a perdu son centre, cherche dans l'État un lien semblable à celui qui maintient unie la nature inorganique.

D'un autre côté, l'État doit être la « base fixe, insupprimable et même insondable de toute vie humaine », et non, comme aujourd'hui, une fin en soi (*Plitt* III, 220). Il doit être la présupposition de la liberté de l'individu, le moyen de l'élever à la dignité de la personne, la cause matérielle de la vie personnelle et sociale. Il est un « point de départ éternel », dont le surpassement ne peut être qu'intérieur. Être intérieurement au-dessus de l'État, chacun en a le droit, mais aussi le devoir. Bien qu'il incarne ici-bas la domination du monde extérieur et se soumet pour ce qui importe vraiment à la foule et au nombre (*Aus einem öffentlichen Vortrag*, SW X, 411), il doit lui-même donner à l'individu une liberté « qui s'élève au-dessus et comme au-delà de l'État, et non celle qui réagit sur ou dans l'État » (*Philo. ratio.* 551).

À la fin de sa vie, Schelling devient un penseur officiel, un véritable philosophe d'État, d'abord comme conseiller et précepteur du Roi de Bavière, puis comme le Victor Cousin de la Prusse. Pour lui, nier l'État dans sa base, pratiquement, par la révolution, représente un crime inégalable, un parricide. L'État n'admet que des réformes, pas des révolutions, comme la nature, qui peut être embellie et non pas changée. Ces réformes doivent le conduire « à se rendre insensible, comme la nature est insensible », comme un moyen est insensible (*ibid.*).

Schelling, qui n'oubliera jamais l'usage opportuniste que l'on faisait au *Stift* de la formule kantienne : « raisonnez autant que vous voulez et sur tout ce que vous voulez, mais obéissez! », refusera toujours d'admettre que le vrai puisse être produit par un pouvoir extérieur et, jusque dans ses dernières années à Berlin, il réclamera une liberté complète pour la philosophie. Sa faveur allant aux monarchies constitutionnelles où l'État se considère seulement comme base, son influence s'exercera plutôt en un sens libéral, comme en 1841, où il obtiendra la levée de la censure pour les *Halleschen Jahrbücher* de Ruge. Pour ce qui est des réformes religieuses, il se dira même assez proche du modéré Spittler (*Vorwort* 401). En même temps, comme Machiavel, Schelling n'a que mépris pour ceux qui jugent la concrétude de l'être à partir de la pensée abstraite et il ne manquera jamais de rappeler que le général dépend à chaque fois d'une volonté singulière : « si, dans l'État, la constitution est le *Was* (l'essence), l'expression de la raison, elle reste une pure construction mentale, dépourvue d'effectivité, sans le *Dass* (le fait) inconditionné » (T 1849, 11 ; *Sur la source des vérités éternelles*, SW XI, 589).

Cet attachement au « fait » s'exprime aussi à travers une conception providentialiste de l'histoire qui annonce la venue d'une religion du genre humain. « Le côté positif est celui qui conçoit la Providence comme l'agent de l'histoire » (*Philo. ratio.* 551 n.). Tant qu'elle existe à côté de l'État, l'Église qui incarne véritablement l'universel et donne corps à la religion de l'esprit dans la vie publique, ne peut être qu'une Église invisible (T 1846, 38).

LES ŒUVRES MAJEURES

DU MOI COMME PRINCIPE DE LA PHILOSOPHIE
OU SUR L'INCONDITIONNÉ DANS LE SAVOIR HUMAIN
(*Vom Ich als Princip der Philosophie*
oder Über das Unbedingte im menschlichen Wissen)

L'humanité ne sera jamais une tant que son savoir ne sera pas parvenu à l'unité. Elle ne se rassemblera et n'obéira comme une seule personne à la même loi de liberté si elle ne travaille d'abord à l'achèvement des sciences. « Il faut que toutes les idées se soient préalablement réalisées dans le domaine du savoir avant de se réaliser dans l'histoire » (DM 79). Comment construire alors le système complet du savoir ? Comment faire apparaître l'inconditionné lui-même dans le savoir humain ? L'œuvre entière de Schelling a ces questions pour fil conducteur.

La philosophie théorique sert seulement à préparer la philosophie pratique : elle est destinée « à caractériser et pour ainsi dire jalonner pour la causalité pratique le domaine de l'effectivité » (DM 172 n.). Elle doit ouvrir à la causalité pratique un domaine où elle puisse accomplir sa tâche, qui est de mener à bien l'exposition de la réalité infinie.

Comment faire, par conséquent, pour que notre savoir revête la forme d'un véritable système, qu'il soit autre chose qu'un « cercle revenant éternellement sur soi, un flux perpétuel de toutes les propositions singulières les unes dans les autres » (DM 85)? Pour éviter que notre savoir ne soit qu'un chaos dans lequel aucun élément ne se distingue, il faut le rattacher au « point ultime de réalité dont tout dépend » (*ibid.*). Seule une intuition conquise par soi-même nous donne accès à ce « fondement originaire de toute réalité » (*ibid.*). Seule une intuition libre nous porte, par sa propre force, au point à partir duquel édifier le système de la raison : l'identité immédiate Moi = Moi (DM 146). L'intuition intellectuelle, en nous délivrant un savoir qui possède en lui-même sa propre réalité, nous élève au-dessus de tout conditionné.

Moi = Moi est donc la forme originaire du savoir. L'unité du Moi absolu donne à la philosophie sa forme logique et systématique. Une science « qui opère de manière purement logique et n'entretient de rapport avec rien d'autre qu'avec ce qui est donné par le Moi (par la liberté et l'autonomie du Moi) » en résulte (*Sur la possibilité d'une forme de la philosophie en général* (1794), HKA, I, 1, 287). Ce n'est que pour le Moi qu'est valable l'ancienne preuve ontologique : qui dit « Je » dit en même temps « Je suis ». Pour lui, être et savoir, forme et contenu, sont une seule et même chose.

Le sous-titre de l'essai sur le Moi, « Sur l'inconditionné dans le savoir humain », doit cependant s'entendre en un sens problématique. À travers lui s'exprime même tout le problème de la philosophie, que posait déjà Pope dans les vers qui ouvrent l'essai : quel savoir appuyer sur un absolu qui n'est pas lui-même objectivable? Comment une activité originaire pure qui ne peut pas ne pas être affirmée comme un fondement absolu, peut-elle s'exprimer à travers un savoir nécessairement limité?

Il faut répondre : par la négation. Le Moi, en se posant, s'oppose du même coup un non-moi. La position du Moi et la position du monde sont simultanées, car la position du monde ressortit de l'activité inconsciente du Moi. Le non-moi est une puissance propre du Moi, une limitation immanente qui, en même temps, le chosifie. L'absolu exclut absolument le non-moi. La négation des objets et de ce qui, dans le moi fini, relève de l'objet, est exposition de l'absolu. On n'atteint l'Un et le Tout que dans la dissolution des objets ou au terme d'une annulation de soi indéfiniment approchée.

Le but final du monde est son annulation en tant que monde. Mais, puisque le non-moi n'est pas seulement une abstraction, le Moi ne s'affirme à son encontre que de manière graduelle, par une négation qui devient concrète en se faisant empirique et relative, en devenant une transformation. Il a donc la tâche infinie de produire dans le monde ce qui est effectif au sein de l'infini, en d'autres termes d'actualiser tout le possible, de réaliser le règne de Dieu. Le monde suprasensible ne s'atteint qu'à travers la restitution du Moi, une fois traversées les sphères finies. Le système du savoir apparaît alors fondé sur le Moi absolu en tant que « principe immanent d'harmonie préétablie, dans lequel nature et liberté sont identiques » (DM 174).

SYSTÈME DE L'IDÉALISME TRANSCENDANTAL
(*System des transscendentalen Idealismus*)

De sa première position philosophique, Schelling ne retient que l'essentiel : le principe de l'auto-intuitionner conduit par sa propre nécessité au système. Le Moi existe du fait qu'il se sait, du fait qu'il est une intuition intellectuelle constante : « c'est seulement par le savoir que le Moi a de lui-même que naît le Moi lui-même (l'objet) » (SIT 59).

À travers l'agir unique par lequel l'absolu devient en nous objet pour soi se déploie tout un système de représentations finies : « la conscience de soi est un unique acte absolu et avec cet acte unique est posé non seulement le Moi lui-même avec toutes ses déterminations, mais encore tout ce qui est posé en général pour le Moi » (SIT 79).

L'histoire de la conscience de soi prend alors la forme d'une déduction transcendantale ou d'une succession des figures de la conscience qui reprend le déroulement de la « Doctrine transcendantale des éléments » de la *Critique de la raison pure*, puis suit l'ordre des deux autres *Critiques*. Il s'agit donc de fondre les trois Critiques en une seule œuvre, ou en tout cas de développer chacune d'elles en un système de la philosophie théorique, un système de la philosophie pratique et une téléologie.

La philosophie théorique montre comment l'esprit, en se limitant lui-même, laisse émerger un monde d'objets. Elle mène à bien une vérification. L'égalité de soi à soi, l'acte du devenir-objet est reçu comme un postulat, une hypothèse que le Moi en tant que sujet doit vérifier. Le système de la philosophie théorique prend donc la forme d'une série d'actes particuliers qui « décomposent, fragmentent » l'acte absolu par lequel la conscience de soi se pose : ce sont autant de « chaînons intermédiaires » qui nous permettent de faire naître successivement ce qui a été posé d'un seul coup (SIT 79). Les deux activités opposées, l'expansion illimitée et le mouvement de retour sur soi qui donnent vie à l'esprit, ne peuvent échapper au conflit que par une limitation réciproque à travers une succession de synthèses de plus en plus équilibrées. L'activité subjective rompt sans cesse cet équilibre pour le reprendre à une puissance supérieure, de sorte que chaque synthèse est provisoire.

Or la parfaite scientificité du système ne peut être garantie que par le parallélisme achevé de la construction réelle (philosophie de la nature) et de la construction idéale (philosophie transcendantale). Il s'agit donc de faire apparaître l'identité de la structure de la nature et de la structure formelle de la conscience. « Cet ouvrage met précisément en évidence que ces mêmes puissances de l'intuition qui sont présentes dans le Moi peuvent aussi, jusqu'à une certaine limite, être repérées dans la nature » (SIT 25). L'intelligence cherche à se réverbérer comme productive à travers tous les labyrinthes et les dédales de la nature organique : « de même que, par la succession, l'intelligence tend constamment à présenter la synthèse absolue, ainsi la nature organique apparaîtra constamment aspirant à l'organisme universel et en lutte contre une nature inorganique » (SIT 191).

La première époque de l'histoire de la conscience de soi prend la forme d'une série de trois actes : acte originaire, sensation, intuition productive. Les produits qui leur correspondent sont chaque fois plus déterminés et plus particuliers : l'univers, la matière, l'organisme. Avec le premier d'entre eux est posée la limitation originaire, l'acte primordial ; avec le second, un premier produit commun naît des deux activités opposées, expansive et contractive ; avec le dernier de ces produits, le Moi se donne un corps qui est le sien, mais qui l'éloigne le plus possible de l'origine.

Ainsi, dans la philosophie théorique, une nature entière se développe à partir de l'acte originaire de la conscience de soi. Ce qui est objectif, en tant qu'il est le Moi lui-même dans son activité d'auto-limitation, devient objet pour le Moi. Mais, rien dans l'élément de la production ne permet au Moi intuitionnant de devenir objet pour soi-même. Il faut un second acte, celui de la libre auto-détermination pour qu'une activité idéelle apparaisse, qui lui permette de réfléchir sur ce qui prend naissance. Cette fois, c'est l'acte originaire dans son ensemble qui devient objet pour le Moi. Avec le Moi pratique, la production devient enfin consciente et prend pour la première fois la forme d'un véritable réaliser. Le second acte est donc un acte de volonté par lequel le Moi se connaît comme intuitionnant ou, plus exactement, le vouloir est l'action par laquelle l'intuitionner lui-même est intégralement posé dans la conscience. C'est la loi morale qui permet à l'intelligence de s'élever à la conscience de sa conscience.

La loi morale permet au Moi de prendre conscience de lui-même, mais elle le coupe du même coup de son activité inconsciente, qui ne lui apparaît plus que sous la forme d'une nature extérieure. Or Kant nous a appris que l'exercice de la liberté est impossible si l'on ne présuppose pas derrière l'« incommensurable abîme » qui sépare nature et liberté « un fondement de l'unité du suprasensible, qui est à la base de la nature, avec ce que le concept de liberté contient dans le registre pratique » (*Critique de la faculté de juger*, AK V, 176). Ainsi, « jusque dans l'action et l'opération », on doit présupposer qu'intervient au cœur de la liberté humaine une nécessité cachée inconsciente. Sans elle, nous ne pouvons « être totalement tranquille en considérant les conséquences d'une action » (SIT 293). Dans l'histoire, cette nécessité pousse à l'établissement d'une constitution juridique parfaite, laquelle représente la meilleure théodicée que l'homme puisse accomplir. L'histoire apparaît ainsi comme le lieu où se rencontrent l'absolu apparaissant dans le temps et la volonté humaine particulière. Elle est la révélation progressive et continue de l'absolu. Au niveau religieux, la nécessité inconsciente reçoit le nom de « Providence ». Quand l'âge de la Providence commencera, « nous ne saurions le dire. Mais, quand elle sera, Dieu aussi sera » (SIT 303).

Le problème se pose pourtant une nouvelle fois : comment le Moi peut-il devenir conscient de l'harmonie originaire du subjectif et de l'objectif ? Cette coïncidence peut être mise en évidence dans la nature en tant que produit finalisé qui n'a pas été produit en vue d'une fin. Mais, la nature ne fait pas apparaître le fondement de cette identité dans le Moi lui-même. La téléologie se soumet à l'esthétique, car seule la philosophie de l'art, ou peut-être l'art lui-même, permet au Moi de se réapproprier son activité inconsciente ou d'apparaître en une seule intuition à la fois comme conscient et inconscient. Le retour à l'identité absolue que la philosophie pratique s'était donné pour tâche de décrire, s'accomplit dans l'analyse de la liberté artistique.

L'art est le « document » et « l'organon » de la vraie philosophie (SIT 328). C'est lui qui fait véritablement apparaître « l'immuable identité sur laquelle repose toute existence » (SIT 316). Il nous convainc de la réalité du Très Haut, de sorte que la réflexion sur l'art assure l'achèvement systématique du *Système de l'idéalisme transcendantal*. C'est à elle qu'il revient d'assurer la clôture sur soi de la philosophie, ce que Fichte était loin de se représenter. L'intuition est le début et la fin du système : au début, l'identité à soi du fondement ne pouvait être représentée que par l'intuition intellectuelle et, à la fin, avec l'intuition esthétique, nous revenons au point où nous avons commencé à philosopher.

EXPOSITION DE MON SYSTÈME DE LA PHILOSOPHIE
(Darstellung meines Systems der Philosophie)

En 1800, Fichte parlait encore de Schelling comme de son brillant collaborateur. L'ouvrage qui paraît l'année suivante porte dès son titre une proclamation d'originalité et d'indépendance (« mon » système). La correspondance qu'échangent les deux penseurs fait désormais apparaître de considérables divergences. Du point de vue de la *Doctrine de la science*, la philosophie n'est pas la connaissance de l'inconditionné, mais un effort pour fonder le point de vue du fini. Pour Schelling, elle doit introduire au point de vue de l'Absolu et se nier comme savoir limité.

Une nouvelle philosophie, la philosophie de l'identité, naît de cette transformation de l'idéalisme en métaphysique ou en science de l'Absolu. Elle se place d'emblée au point où la dualité de l'objet et du sujet n'existe pas encore, où l'absolu est à la fois unité et totalité. De son point de vue, la différence du réel et de l'idéal est une pure apparence, une différence quantitative et formelle. Aussi, lorsque l'*Exposition de mon système* prend pour objet privilégié cette différence quantitative $A = B$, c'est parce que sa formulation même (« A égale B ») laisse clairement entendre que l'expression universelle de la puissance en général ou de la finitude n'est qu'une forme de l'identité absolue. Le système prend alors la forme d'une simultanéité parfaite, d'une coprésence absolue des choses les unes aux autres.

Bien que ce soit principalement à travers la nature que cette *Darstellung* cherche à faire apparaître l'identité originaire dont les choses particulières ne sont que des phénomènes et que Schelling n'hésite pas à présenter son écrit à Goethe comme « un nouvel exposé des propositions de la philosophie de la nature » (BUD II, 312), son projet est d'unir la philosophie de la nature et la philosophie transcendantale en un seul système de la même manière que le premier livre de l'*Éthique*, le *De Natura*, qui porte sur la totalité, s'articule avec le second livre, le *De Mente*, qui porte sur le Moi (*Ident.* 103). C'est donc davantage que le mode d'exposition, c'est la structure même du système qui est reprise de Spinoza, dont Schelling approfondit la lecture grâce aux livres que Goethe vient de lui prêter (BUD II, 330).

Pour le contenu, en revanche, il faut plutôt regarder du côté de Kant. Le système se compose de trois parties (philosophie de la nature, philosophie de l'esprit et philosophie de l'art) qui reprennent pour l'essentiel la tripartition kantienne en critique de la raison pure, critique de la raison pratique et critique de la faculté de juger. Ayant à « reconnaître la vérité dans toutes les directions particulières, pour librement et sans entraves explorer la profondeur de l'absolu » (*Fernere* 401), il tend à devenir « encyclopédie universelle des sciences » (LME 247).

C'est de la manière la plus dynamique possible que l'Absolu s'affirme à travers le monde, que l'unité tire sans cesse l'infini de l'infini. Par rapport à la totalité, le particulier n'est rien ; par rapport à lui-même, il est une totalité (*Exp.* 134). L'absolu est un tout dont les parties sont elles-mêmes des touts. Il est système. « La fin la plus sublime de la science ne peut être que celle-ci : exposer la présence, l'être-là d'un Dieu dans le tout des choses et dans la singularité » (AdM, SW II, 376). C'est pourquoi dire « je sais » ou « je suis celui qui sais » est le *proton pseudos* de toute philosophie : « je ne sais rien, ou plutôt mon savoir, dans la mesure où il est véritablement mien, n'est pas un véritable savoir. Ce n'est pas moi qui sais, mais seulement le tout qui sait en moi » (SgP 140). C'est le même qui sait et qui est su.

La philosophie, pour être l'image de l'effectivité, doit donc se faire systématique. Elle doit être bien autre chose qu'un discours sur l'Un, mais elle doit se laisser porter par un authentique souci d'exhaustivité, un désir d'épuiser tous les contenus. En elle, chaque partie est un système en vue du système, une étape en vue du développement complet de l'organisme de la science. Il n'y a de vérité que dans la connexion organique du tout vivant. Un énoncé *a priori* et un énoncé *a posteriori* ne diffèrent pas par une qualité qui leur serait propre, mais par leur capacité à s'intégrer ou non dans le système.

Schelling est le premier, dira Hegel, chez qui « philosophie et système se recoupent entièrement » (Hegel 1986a, p. 167). Chez lui, la philosophie aspire à devenir le système de toute la science, l'organe pour tous les objets possibles du savoir ou, selon le titre de son grand livre, non traduit en français, le *Système de la philosophie complète* (*System der gesammten Philosophie*). Quarante ans après la « lumière de 1801 » (*Plitt* II, 60), il affirmera que l'affaire propre à la philosophie de l'Identité avait été la systématicité, qu'elle n'avait pas à devenir systématique puisqu'elle l'était intrinsèquement ou que sa systématicité était dans la chose même (PhR XIII, 88).

RECHERCHES PHILOSOPHIQUES SUR L'ESSENCE
DE LA LIBERTÉ HUMAINE ET LES SUJETS
QUI S'Y RATTACHENT
(*Philosophische Untersuchungen über das Wesen
der menschlichen Freiheit und die damit
zusammenhängenden Gegenstände*)

L'*Exposition de mon système de la philosophie* avait
voulu présenter la partie réelle du système, mais était
restée inachevée. Huit ans plus tard, les *Recherches sur
la liberté humaine* se donnent pour tâche de présenter le
concept de sa partie idéelle. Il y a donc, d'une période
à l'autre, parallélisme et approfondissement, mais
surtout reprise à une puissance supérieure de l'exigence
systématique. Ce qui caractérise l'évolution de Schelling,
c'est l'extension de sa philosophie à la totalité de
l'expérience, l'élargissement progressif de son domaine.

Si ces *Recherches* constituent le « sommet de la
métaphysique de l'idéalisme allemand » (Heidegger
2015, p. 15), c'est parce qu'elles reviennent une nouvelle
fois à ce qui est, depuis le début, le projet même de
cet idéalisme : s'élever au système et le fonder sur une
détermination ontologique première. Ici, c'est l'essence
de la liberté qui se trouve placée au fondement de toute
pensée philosophique, car la liberté est en elle-même la
connexion avec Dieu (Heidegger 2015, p. 186). L'intitulé de la dissertation indique que l'on va ramener à
une détermination ontologique (celle de l'essence de la
liberté humaine) la réflexion sur le système (« les sujets
qui s'y rattachent »). La liberté occupe la place exacte
qui revenait jusque-là à l'intuition intellectuelle et au
savoir de l'Identité absolue : celui de fondement dernier
du système (Peetz 1995, p. 79 et 131).

Le fait de la liberté doit être clarifié et élaboré jusqu'à ce qu'il devienne un concept rigoureux en accord « avec la totalité de la vue du monde » et « l'un des principaux foyers du système ». Ainsi, les deux aspects de la recherche, l'éclaircissement du fait premier et l'élévation au système, ne font qu'un (*Rech.* 338 ; Heidegger 1977, p. 43).

Le concept de liberté, pour « avoir en général quelque réalité », doit donner lieu à un système. Lier concept et liberté est « le ressort inconscient et invisible de tout effort vers la connaissance » (*Rech.* 338). S'interroger sur la nature de la liberté, c'est en même temps poser immédiatement la question de l'unité fondamentale de tout ce qui est et récuser « le dire ancien » de Jacobi selon lequel liberté et système seraient absolument incompatibles (*Rech.* 336).

Le principe de la volonté, ce dont je fais l'expérience en voulant est la liberté d'un pouvoir du bien et du mal. Or le mal est la contrariété qui menace le plus le système, entendu qu'il n'est pas un manque, mais un acte qui détruit l'unité. Il met aussi en question la nature même de la liberté ou oblige à s'en faire une conception plus riche que d'ordinaire.

La liberté n'est pas synonyme de simplicité et d'indépendance, mais elle consiste dans le lien complexe des principes et dans la possibilité qu'a ce lien de se défaire. À chaque fois s'articulent deux libertés différentes, celle du principe spirituel et celle du principe naturel et involontaire, la volonté universelle et la volonté particulière. L'esprit est l'unification de ces deux volontés, de ces deux centres.

Le principe égoïque est ce qui donne son intensité à la vie. « L'égoïsme divin est l'essence fondamentale de la nature – je ne dis pas : il est la nature, car la nature effective et vivante, telle que nous la voyons devant nous, est déjà de l'égoïsme divin dompté et tempéré par l'amour divin. Mais l'égoïsme est l'essence fondamentale de la nature, le matériau à partir duquel tout est créé » (*Stutt.* 108). Le danger est que, sous son action, le relativement non-étant s'érige en étant et supplante ce qui est véritablement. La perversion qui consiste à vouloir être soi au détriment du tout, à élever son ipséité au rang de principe universel, est le vrai visage du mal. Mais, même dans le mal, la liberté n'est jamais supprimée, son mouvement est seulement inversé.

Au contraire, quand la volonté universelle ou originaire domine, elle s'identifie à l'entendement dans son opposition à la volonté propre et se subordonne cette dernière comme un simple instrument. L'entendement est ce par quoi la volonté humaine est en Dieu ou en son essence. La création s'achève quand la volonté particulière a été rendue identique à l'entendement, à la volonté de tout universaliser. À ce moment, le bien triomphe du mal en dévoilant son irréalité et Dieu est tout en tout, il est authentiquement système.

MONUMENT DE L'ÉCRIT SUR LES CHOSES DIVINES
(*Denkmal der Schrift von den göttlichen Dingen*)

Alors que, de nos jours, nous lisons l'écrit sur la liberté comme un essai pour ouvrir la philosophie sur la transcendance, les contemporains de Schelling, et notamment ceux qui gravitent autour de Jacobi, découvrent plutôt en lui une philosophie de l'immanence d'allure panthéiste. Fries par exemple assure que toute la dissertation repose sur la confusion des prépositions *durch* (par) et *in* (dans) : « une langue qui ne sait pas différencier comme il se doit *in* et *durch*, n'est pas à même d'exprimer de façon nette et déterminée l'idée de la divinité » (Fries 1978, p. 370). C'est à ces attaques que répond l'*Anti-Jacobi*.

Les *Recherches sur la liberté humaine* avaient proposé une solution originale au problème du panthéisme : c'est l'élément naturel en Dieu qui lui donne la véritable autonomie à l'égard de la nature hors de lui. Elles avaient alors établi que Dieu n'est cause qu'en tant qu'il est en même temps fondement et qu'il n'est fondement qu'en tant qu'il est cause. C'est ce que Jacobi ne comprend pas. Sa philosophie et celle de Schelling, affirme-t-il en 1811, « ne se séparent que sur la question de savoir si cet absolu est un *fondement* ou une *cause*. Le naturalisme prétend qu'il est *fondement* et non pas *cause*, le théisme qu'il est cause et non pas fondement » (Jacobi 2008, p. 113 ; SdW 125). Schelling ne connaîtrait l'inconditionné que sous son aspect de fondement. Le Dieu qui est Un et Tout n'est aucunement cause, il ne produit véritablement rien. Il est un abîme sans fond, un absolu anonyme incapable de faire surgir un monde. "Un et Tout" signifie rien et tout. Le système de l'Identité est un matérialisme idéaliste, un nihilisme.

Il est vrai que Jacobi, qui travaille lentement, a conçu son livre avant 1809. Quand paraît son pamphlet, *Des choses divines et de leur révélation*, il s'attaque, dans le meilleur des cas, à un Schelling du passé. Or les *Recherches sur la liberté humaine* ont établi que le fondement, ce qui en Dieu n'est pas en tant que Dieu, n'est qu'une partie de son essence, qu'il réduit à n'être qu'une de ses puissances afin que la créature puisse exister et avoir sa vie en lui. En subordonnant la partie irrationnelle de son essence à la partie supérieure, Dieu peut vivre avec elle comme libre du monde, au-dessus du monde, en un mot agir en tant que cause (*Monument* 71). Schelling dira plus tard que c'est ici qu'il a montré que Dieu n'est pas contraint de créer et que le monde aurait pu ne pas être (*Plitt* III, 41).

Parce qu'il ne voit pas qu'il y a en Dieu une véritable dualité et qu'à la force affirmative et expansive, s'oppose une force restrictive et négative, parce qu'il ne sait rien d'une force contractante qui donne à la personnalité consistance et détermination, Jacobi ne se représente qu'une essence sans sujet et croit qu'il ne peut y avoir de concept de ce qui est libre. Or il est tout aussi impossible de concevoir un être conscient qui ne soit enfermé dans des limites étroites par une force négative « que de concevoir un cercle dépourvu de centre » (*Monument* 74).

L'erreur de Jacobi est donc de croire que la raison est incapable de se représenter la personnalité divine (*Urf.* 141). Aussi substitue-t-il, comme Eschenmayer, une insipide foi sans savoir à l'authentique « savoir croyant » (*Réponse à Eschenmayer*, SW VIII, 185) Or, c'est un sophisme que de partir du caractère inconnaissable de l'être pour conclure qu'absolument rien n'est accessible à la connaissance. Jacobi s'effraie à l'idée que le savoir en acte puisse dissoudre et anéantir l'être. Il ne voit pas que le non-étant, pour autant qu'il est une réclusion active, une régression dans le retrait, constitue une force efficiente, une authentique volonté, en un mot : un étant, et qu'à partir de là, il est quelque chose de connaissable (W 21 et 142). En creusant la nature de cette force contractive, Schelling se donne bientôt les moyens de construire le système des âges du monde.

LES ÂGES DU MONDE
(*Die Weltalter*)

« Je suis au travail sans cesse depuis deux mois. Une œuvre à laquelle je me suis adonné intérieurement depuis de nombreuses années doit enfin prendre pour Pâques une forme extérieure » (*Cotta* 50). En janvier 1811, Schelling annonce à son éditeur la mise en chantier de son grand-œuvre, les *Âges du monde*, l'entreprise la plus titanesque de l'idéalisme allemand.

Cette immense fresque cosmique et théologique, dont le titre est repris de Johann Albrecht Bengel (Bengel 1746), décrit le système des temps ou des époques de la révélation divine en trois phases : théogonie éternelle dans la divinité immémoriale, procès cosmogonique résultant de la Création, chute consécutive à l'apparition de l'homme. Elle est commandée par la « grande et nécessaire pensée de tout ramener à un seul mouvement, une seule vie, un seul événement » (T 1814, 4).

"Système du savoir" signifie maintenant développement, déploiement, *Entwicklung*. Une science est ce qui progresse et se développe en même temps que son objet. « Il n'y a de vérité que dans le système, dans la connexion organique du tout vivant » (W 48). Cela veut dire : dans une connexion chaque fois nouvelle et évolutive. Le seul mal en philosophie est « l'état stationnaire, la déficience de la force de développement, d'accroissement, d'exécution » (*ibid.*).

« Quelle est l'affaire de la science ? – Penser ? Purement recevoir ? Passivement ? La révélation ? – Non – L'objet de la science est justement le mouvement lui-même » (T 1816, 108 ; 1814, 114). Notre savoir n'est que mouvement et passage incessant. Un savoir originaire n'a pas plus de valeur que n'importe quel autre moment. Seul vaut le mouvement en soi, le savoir en tant que tel, la liberté de l'esprit. « Ce que nous appelons science n'est jamais seulement elle-même, mais aussi le processus de sa production – et grâce à cela philosophie » (T 1816, 104).

Ainsi l'introduction d'un principe de développement en Dieu dans l'écrit sur les *Choses divines* rendait nécessaire un nouveau type d'approche et un mode d'exposition inédit, le récit. La présentation effective et complète de l'absolu appelle la narration. Le savoir total est « le procès répétant intérieurement et configurant le procès grandiose et inouï de toute vie » (W 102). « Pourquoi ce qui est su par la science la plus haute ne peut-il se raconter avec la même rigueur et la même simplicité que tout le reste de ce qui est su ? » (AM 200).

À mesure que la succession et l'histoire s'implantent au cœur de l'absolu, la narration historique tend à prendre le relai de la dialectique : « j'ai intitulé ce livre *Âges du monde*. Ou encore système des parties ou des époques de la révélation divine [...]. Pourquoi ? Que cherche la philosophie depuis toujours ? La science, c'est-à-dire l'histoire. *Col.* 2, 3 » (T 1813, 144).

Schelling ne rédige pourtant véritablement que la première partie de son ouvrage, le Livre du passé, dont il donne, au fil des années, trois versions différentes. Le Livre du passé décrit Dieu avant la Création, comme ambitionnera aussi de le faire la *Science de la logique*, avec cette différence que l'histoire, la langue du devenir, et la dialectique, celle des réalités immuables, se mêlent ici l'une à l'autre. En fait, c'est sans doute la sublimité de leur contenu qui empêche les *Âges du monde* de n'être qu'histoire : Schelling dira dans son testament littéraire que c'est parce qu'ils se rapportent pour l'essentiel aux χρόνους αἰωνίους, aux temps éternels, que les *Âges du monde* ne sont pas uniquement une œuvre historico-philosophique (*Rariora* 669 ; *Rm* 16, 25). Si la science historique donne seule, par *Erinnerung*, par anamnèse, un contenu vivant et intérieur aux formes séparées et abstraites que dégage la dialectique, « la science doit encore être portée et accompagnée par la dialectique, comme la parole par le rythme » (W 9).

La vie primordiale que le Livre du passé entreprend de décrire, la vie à travers laquelle, pour la première fois, Dieu se réalise, n'est pas sa vie proprement dite : en elle, il n'est pas libre, agissant. À travers cette vie indépendante de lui, Dieu se réalise sans y être pour rien. Cette vie éternellement commençante, cette vie qui est tout entière commencement est un mouvement nécessaire. En tant qu'il est cette vie, Dieu est, en son acte même, un dieu au repos. Perdu en elle, il est proprement insaisissable. En elle, il est un éternel commencement, « qui n'a jamais commencé et n'a jamais cessé de commencer » (T 1814, 31 et 46).

Or ce qui est éternel selon l'essence ne l'est pas véritablement. La vraie éternité est une éternité « selon l'existence » (T 1814, 10). Ce qu'il nous faut, ce que nous voulons, c'est un dieu personnel, différent de son essence. « Dieu ne *doit* pas exister. Il est libre de passer de l'ineffectivité à l'effectivité » (T 1813, 107). À partir des *Âges du monde*, Schelling ne cessera de répéter que la personnalité consiste à pouvoir différer de son être.

L'éternité est grosse de possibilités innombrables, littéralement gravide. Pour se libérer de son fruit, elle attend son *Geburtshelfer*, son accoucheur (T 1813, 129). Le Fils est ce libérateur et, à ce titre, il est cause de l'être du Père. « Jusqu'à la naissance du Fils tout est miracle, tout n'est qu'éternité » (W 77). Avec le Fils, la volonté de révélation triomphe.

Quand apparaît la deuxième Personne, issue du foyer de contraction du Père éternel, le temps immémorial, le système panthéiste du temps primitif est refoulé et posé comme passé. Avec la deuxième Personne s'ouvre le temps du présent. Pour briser le cercle dans lequel il se trouve pris, le Père se retire dans un passé absolu et, en supprimant la simultanéité primordiale, il laisse être le temps. Une consécution, un rapport de puissances en résulte. La seule présence du Fils rejette dans le passé tout ce qui du Père tend à la fermeture sur soi : « ce qui en soi est étant se trouve posé comme non-étant relativement à un autre que soi, cela est posé comme passé » (W 59). Avec cette conception inédite de la temporalité, il devient possible de se représenter un Dieu qui ne s'épuise pas dans son essence (T 1814, 12).

Au terme de ce « grandiose poème héroïque que dicte le temps lui-même » (W 208), un avenir se laisse entrevoir : l'unité essentielle et libre dans laquelle les eux premières Personnes trouveront leur équilibre est posée comme avenir, comme esprit : « seule une telle personne est à même d'expliciter et de révéler le temps en réserve dans l'Éternel » (W 77).

À la succession des temps correspond la forme de la succession des Personnes divines : le Père crée le temps, le Fils fait le temps, l'Esprit préfigure l'avenir (W 86). Le passé, la période de l'être-en-Dieu, correspond à l'Enfer ; le présent, l'être-hors-de-Dieu, au Purgatoire ; le futur au Paradis et au retour en Dieu (Hogrebe 1989, p. 14-37).

De cette herméneutique des temps divins se dégage une conception inédite de la subjectivité. La productivité inlassable de la vie ne se soutient que de la présence en deçà d'elle d'un sujet, d'un existant : « la science, pas davantage que le sentiment, ne peut se satisfaire d'un Dieu qui n'est pas parce qu'il est l'Être même, qui n'est pas vivant parce qu'il est la vie même, qui n'est pas conscient parce qu'il est pure conscience » (AM 238). Il n'y a pas de vie indéterminée, en soi, mais « toute vie est la vie de quelque chose, la vie d'un être et la réalisation de cet être » (T 1814, 30).

Schelling dira avoir préparé les *Âges du monde* dès ses premiers pas en philosophie (*Cotta* 87) et avoir trouvé dans la construction d'un système des temps le moyen qu'il cherchait depuis toujours de faire passer la science dans la vie (*Cotta* 72). En 1827, il annoncera au roi Louis 1 er de Bavière qu'il est sur le point de présenter au public le contenu d'une œuvre longtemps attendue, dont le titre, les *Âges du monde*, désigne à la fois le point de départ de son œuvre et le tournant de sa vie spirituelle et scientifique (Fuhrmans 1956, p. 291).

LEÇONS D'ERLANGEN.
DE LA NATURE DE LA PHILOSOPHIE COMME SCIENCE.
(*Erlanger Vorträge.*
Über die Natur der Philosophie als Wissenschaft)

En 1821, après avoir interrompu son activité d'enseignement pendant près de quinze ans, Schelling donne à Erlangen des cours sur la mythologie, qu'il présente comme « les précurseurs immédiats des *Âges du monde*, lesquels paraîtront enfin certainement » (*Cotta* 144). Nous possédons cependant peu de choses de cette première élaboration d'une philosophie de la mythologie. Dans les extraits de ces conférences qui nous sont parvenus, Schelling poursuit plutôt l'effort mené depuis 1809 pour concilier la pensée systématique et l'expérience de la liberté, effort que les *Âges du monde* n'avaient pu mener à bout, mais qui trouve ici une expression immédiatement philosophique.

Depuis les *Lettres sur le dogmatisme et le criticisme* (1796), Schelling n'a cessé de réfléchir sur la division de la philosophie en systèmes opposés, sur cette « asystasie » originelle du savoir humain qui représente pour la pensée le scandale par excellence (*Leçons d'Erlangen*, SW IX, 209). Contrairement à Kant, qui considérait que la multiplicité des systèmes condamne la philosophie, il faut dire que sa dispersion en de multiples doctrines est la preuve qu'elle repose sur une idée vivante. C'est parce qu'il existe un système de la philosophie que la pensée peut se diffracter en une pluralité de systèmes.

La meilleure propédeutique philosophique est donc celle qui mène l'homme au-dessus de tout système particulier. Celui qui s'élève au système total, au système des systèmes, au système κατ᾽ εξοχήν est libre de tout système. Parti de la contradiction nécessaire dans laquelle s'engage la conscience qui s'éveille, il s'élève, dans le désespoir, jusqu'à l'idée d'une totalité plus haute dans laquelle les systèmes opposés coexistent (SW IX, 214). On n'échappe au conflit entre les systèmes qu'en s'élevant progressivement au système pur et simple et, à travers lui, au vrai sujet de la philosophie : on débouche alors en pleine liberté. Est libre celui qui, au moins une fois, « s'est vu seul avec l'infini » (SW IX, 218).

« Seul un système qui se forme et se configure au contact de la vie est vérité » (*Initia* 3). Le vrai système est celui auquel un sujet effectif donne vie. Sujet et principe de la philosophie sont une seule et même chose, si l'on entend par principe ce qui ne ressort véritablement qu'une fois passé par le début, le milieu et la fin. Le vrai principe de la philosophie est un sujet essentiellement mobile qui traverse tous les systèmes.

Si l'on veut conduire à sa plénitude chacun des termes antagonistes du grand système de la philosophie, il faut rapporter la multiplicité des doctrines qui sont apparues à travers l'histoire à l'unité propre au sujet. Ce sujet absolu est mon savoir même, le savoir que je suis essentiellement, le savoir que j'ai sans le savoir, le savoir de l'éternelle liberté. C'est l'éternelle liberté qui est en moi au titre du savoir. À travers mon savoir, le sujet absolu, l'éternelle liberté, advient à elle-même.

Le sujet absolu, l'ultime sujet de la philosophie, s'il est bien un concept, mon concept, « est un concept plus fort que moi, un concept vivant, actif », dont les mouvements déterminent le statut et la position du savoir fini (SW IX, 237). C'est seulement lorsque le sujet absolu se décide que s'ouvre pour moi l'espace du savoir. Vouloir savoir ne dépend pas de l'homme : l'initiative ne vient pas de moi, qui ne suis sujet qu'assujetti à la décision d'un autre. « Ce n'est pas mon savoir qui se forme, mais il *est* formé » (*Initia* 47). Mon savoir n'est pas productif : il n'est qu'une répétition idéale du savoir originaire. Le savoir fini a perdu tout ce qui est efficace, « objectivement productif », tout ce qui, dans le mouvement objectif, était « œuvre vive », production (SW IX, 225). Parce qu'il a cessé d'être le moteur magique des choses, l'homme n'a plus en lui que le savoir. Il n'est plus Sagesse.

Il est contradictoire que l'éternelle liberté soit connue, que ce qui est absolument sujet devienne objet. En voulant la connaître, en l'attirant à lui, l'homme fait un objet de ce qui ne peut jamais l'être. Aussi l'éternelle liberté lui échappe-t-elle sans fin. Le savoir est certes le seul point ouvert où la Sagesse peut encore se chercher et se trouver, mais, pour moi, il est le chemin du doute : je doute à mesure que je poursuis la liberté et qu'elle me fuit. Il faut faire entrer en crise, mieux que Kant n'a su le faire, ce savoir naturel dans lequel l'homme se trouve sitôt qu'il se pose en sujet face à l'éternelle liberté. Pour moi, le savoir n'est qu'un moment, qui, lorsqu'il s'agit de penser, apparaît même comme un obstacle. « À titre de Moi, je ne peux pas savoir ; Moi – je ne veux pas savoir » (SW IX, 229). On ne peut établir le sujet absolu comme savoir qu'en se résignant à ne pas savoir soi-même. Seul un libre penser, se défendant de tout savoir, peut se confronter au sujet absolu.

Le sujet absolu est liberté, il est la mobilité même, qui ne se maintient pas un seul instant en position stable. Il faut dire du philosophe que « ce n'est pas lui qui se meut en son savoir » (SW IX, 237). Son activité est plus intérieure. Elle porte sur l'élément moteur du savoir. Sa force consiste à « retenir le mouvement, à le contraindre à demeurer et à ne permettre au mouvement d'accomplir d'autre pas que celui qui est nécessaire, ni plus grand ni plus petit » (SW IX, 238). Le philosophe, comme l'artiste, se reconnaît moins à sa force de production qu'à sa force de retenue et de retardement. Penser en philosophe, c'est retenir le mouvement, l'obliger à faire station, à s'attarder, c'est retarder l'éclosion du savoir, pour en faire apparaître toute la richesse et laisser se manifester le sujet qui le soutient.

En abandonnant son savoir, l'homme aperçoit la liberté qui le précède en son éclat primordial. En se délivrant du savoir, en s'en dessaisissant, il mesure qu'en réalité, penser, c'est être exposé, c'est se tenir hors de soi « comme un être n'étant plus là » (*ibid.*). Il ne peut y avoir deux sujets : en présence du sujet absolu, le Moi ne peut que renoncer à soi. La pensée est reconnaissance de l'Autre, libre renoncement, déposition de soi qui aboutit à une renaissance dans la plus totale extériorité, dans cette extériorité à laquelle le Socrate des *Nuées* et l'Éros philosophe étaient voués.

L'extase est l'autre nom de ce savoir nescient qui pose le sujet dans son indépendance. Elle est l'expérience silencieuse d'une ignorance qui, singulièrement, met en contact avec le réel et même le suprêmement réel, le sujet. Il y a autant de réalité dans le sujet absolu que d'irréalité dans mon savoir. La pensée est foncièrement non-savoir, à la fois abandon, refus et esquisse d'un acte : elle est simultanément décision et position d'un autre, désir d'être su. Seul le non-savoir permet une première reconnaissance de l'absolu. La véritable heure de naissance de la philosophie est celle où le libre penser se confronte au sujet absolu et peut dire de lui qu'il est réellement sa pensée. C'est seulement en tant que corrélat du savoir nescient que le sujet peut être posé dans toute sa pureté, c'est-à-dire comme mon concept, comme ce qui forme avec moi une totalité plus large, un système.

En faisant reposer le vouloir-savoir purement théorique sur une détermination pratique ou existentielle, le non-savoir sachant, les *Leçons d'Erlangen* ébauchent une solution typique de la philosophie intermédiaire. La percée vers le positif semble encore différée. Ici, l'extase mène à la réminiscence, alors que dans la dernière philosophie, l'extase de la raison aura un tout autre but : montrer que quelque chose s'oppose au ressouvenir, un immémorial inaccessible.

FONDATION DE LA PHILOSOPHIE POSITIVE
(*Grundlegung der positiven Philosophie*)

Après 1827, Schelling relit toute l'histoire de la philosophie à partir de sa recherche d'une nouvelle systématicité, non pas simplement logique, mais fondée sur la liberté.

La philosophie moderne doit à Descartes de s'être mise sur la voie d'une authentique *Realphilosophie*, d'une philosophie en prise avec le réel (GPP 398). L'erreur de Kant, cependant, est d'avoir conçu les objets suprêmes comme des réalités *a priori*. « Dieu, l'âme, le monde sont des objets, non des concepts et ils peuvent seulement être reconnus, en tant qu'ils sont là *a posteriori* » (SdW 78). Les deux grands représentants du rationalisme moderne nous ont mis malgré eux sur la voie de l'empirisme.

Rationalisme et empirisme sont les deux orientations fondamentales entre lesquelles, depuis l'Antiquité, se scinde le système de la philosophie. On ne mettra fin à cette longue crise qu'en répondant au plus haut besoin de notre époque, qui est d'accéder au système. Cette aspiration est plus ancienne que la philosophie (GPP 100), mais jamais une époque n'avait ressenti aussi douloureusement que la nôtre l'absurdité de toutes les connaissances systématiques partielles. C'est avec un certain sentiment d'urgence que notre temps cherche à s'élever à la connaissance de la connexion universelle (GPP 71). Le vrai système est celui qui rend à chaque système antérieur sa place et sa vérité (GPP 84). Est faux le système qui se croit exclusif. Le vrai système conserve chaque point de vue, mais le contient à l'intérieur de ses limites véritables.

Or, en revenant sur son parcours, Schelling constate que c'est dans sa propre pensée que s'est opérée la synthèse ultime de l'empirisme et du rationalisme et que se dessinent les contours de la science positive dont l'époque a besoin. La philosophie de l'Identité a pris la forme d'« un rationalisme objectif dans lequel la raison est devenue consciente de son être » (GPP 247). En même temps, jamais une philosophie ne s'est sue aussi proche de l'empirisme : « n'a-t-elle pas déjà accueilli la nature dans son domaine, et ainsi montré le caractère de l'expérience ? » (SdW 77).

L'empirisme explique toutes choses par l'être particulier qu'est Dieu, le rationalisme par l'être universel. Or la philosophie n'a d'autre but que de réunir en un seul concept Dieu comme être universel et Dieu comme être empirique. Il faut maintenant tirer les conséquences de cette identification et donner le vrai concept de l'empirisme philosophique, de cet empirisme « purifié » ou décanté avec lequel la philosophie positive peut s'accorder (SdW 77).

L'empirisme cherche spontanément à saisir l'essence la plus haute comme un être particulier, c'est-à-dire non pas comme quelque chose de compréhensible par soi, mais comme quelque chose qui se comprend pour autant qu'il est posé. Il veut l'essence comme un être connaissable seulement *a posteriori*, mais n'atteint pas la seconde détermination qui fait de Dieu l'essence universelle. Il ne reconnaît qu'une seule des déterminations que peut recevoir l'essence. En revanche, la philosophie positive a en commun avec le rationalisme l'essence universelle, mais elle l'a sans le vouloir, comme ce que l'on ne peut pas ne pas penser. Elle doit donc reprendre des éléments propres à la fois au rationalisme et à l'empirisme.

Ainsi le système positif doit être démontré *durch die Tat*, par le fait; il doit être la preuve continuée de son propre principe. Tout ce qu'il pourra exhumer sera l'indice de l'existence effective du *Prius* qu'il s'est donné (GPP 403). La philosophie de la liberté procède à rebours de la démarche de l'empiriste : celui-ci essaie de découvrir le concept de ce dont il fait l'expérience, tandis qu'elle commence avec le concept de l'être absolu et entreprend ensuite de vérifier empiriquement son existence. La science proprement dite est progressive. Elle n'est pas *a priori*. Elle doit prouver non seulement *a posteriori*, mais *per posteriorem* (GPP 433). Comme l'Étant n'est connu que par ses conséquences, ce qui est premier en philosophie n'est pas une chose prouvée, mais une chose qui doit se prouver continûment (GPP 398).

« La philosophie positive renverse le contenu du rationalisme et de l'empirisme. Elle pose le concept *a priori*. Partant de ce qu'elle *veut* à titre de *Prius*, elle se distingue en cela de l'empirisme. Mais elle ne prouve pas l'être ou l'existence à partir du concept, mais au moyen de l'expérience et, en ce sens, *a posteriori*. Elle se distingue donc du rationalisme en ce qu'elle ne prouve pas l'être *a priori*. Mais de même qu'elle *se distingue* des deux, de même elle a quelque chose *en commun* avec les deux : avec le rationalisme, le fait de partir du concept; avec l'empirisme, la preuve de l'être à partir de l'expérience. Elle unit donc les opposés, mais se tient en cela *au-dessus* des deux. On pourrait aussi donner à la philosophie positive le nom d'*empirisme apriorique* […]. La philosophie positive a un *prius* empiriquement fondé, qui précisément à cause de cela n'est pas lui-même abstrait, mais expérimentiel, positif » (GPP 402).

Par opposition à cette science libre, la philosophie rationnelle ne peut qu'être une science préparatoire, négative. Cependant, « le rapport de la philosophie positive à la philosophie négative ne consiste pas à l'*exclure*, mais à en venir à bout tout en la comprenant ; c'est pourquoi le système dans lequel le sujet pur s'est montré dans toute sa puissance [la philosophie de l'identité] constituera une fondation perpétuelle, pérenne, historique pour le système positif » (GPP 179). « Je n'ai pas à m'excuser de cette tentative […]. Il faut faire l'épreuve du savoir substantiel le plus extérieur avant de pouvoir parvenir au vrai » (GPP 216).

La philosophie ne peut renoncer à son exigence systématique. Elle doit comprendre en elle le système du monde, « les plantes et le règne animal, l'État et l'histoire du monde, l'art – seulement comme autant de membres d'un unique grand organisme s'élevant des abîmes de la nature où elle trouve sa racine, jusqu'au monde des esprits » (*Erste Vorlesung in München. 26. November 1827* (*Première leçon à Munich*), SW IX, 361). Mais elle doit le faire selon une modalité nouvelle, ascendante, positive, qui l'engage à considérer le monde comme un fait, un état de choses (*Tat-Sache*). Elle a ainsi trouvé un commencement qui n'est pas conditionné par les présupposés de la philosophie de la nature et donné tort à Jacobi qui voyait dans cette dernière l'horizon indépassable du schellingianisme. À partir de là, elle peut développer une philosophie de la Révélation qui est le « vrai contraire » de la philosophie de la nature (GPP 484).

LE MONOTHÉISME
(*Der Monotheismus*)

C'est dans le cours sur le monothéisme, dont les premières versions remontent à 1828, que la transition de la philosophie négative à la philosophie positive s'accomplit *de facto*. Un fade théisme est ce que la philosophie négative peut concevoir de plus haut ; avec le monothéisme et la mythologie, nous entrons de plain-pied dans la philosophie positive.

Sur tous les systèmes qui s'en tiennent au pur être, la nécessité pèse comme un cauchemar. Si l'on veut édifier un système de la liberté, il faut partir de l'Étant même, de ce qui, en soi, est libre de l'être et vis-à-vis de l'être. « Seul nous intéresse l'Étant même. L'être n'a aucune importance, il n'est jamais qu'un accessoire, un complément qui s'ajoute à ce qui *Est* » (SW XII, 34). Dieu est le Seigneur de l'être, l'Esprit, « ce qui peut être et n'être pas, se manifester ou ne se manifester pas, ce qui ne se manifeste pas *forcément* » (SW XII, 33).

Si Dieu n'était que la puissance d'exister immédiate, le panthéisme serait vrai. Le panthéisme ne consiste pas à dire que tout être n'est que l'être de Dieu, ce qu'il est difficile de contester, mais à attribuer à Dieu un être aveugle dans lequel il demeure contre son gré. De même que Dieu nie la puissance immédiate en la réduisant à un simple fondement, le monothéisme est le panthéisme « devenu ésotérique, latent, intériorisé », en un mot : dominé (SW XII, 69).

Lorsque, par la faute de l'homme, la puissance posée en lui se soulève, la conscience se trouve livrée à un procès qui la ramène à sa nature originaire, qui est de poser Dieu « en non-acte, en non-vouloir et en non-savoir » (SW XII, 119). Ce mouvement naturel dans la conscience produit des représentations qui répètent le procès originel, mais Dieu n'en est plus l'auteur. Il y a polythéisme parce que l'homme se rapporte non à Dieu, mais à ses puissances dans leur séparation. Ce procès théogonique dans la conscience qu'est la mythologie suppose le monothéisme, non reconnu comme tel.

PHILOSOPHIE DE LA MYTHOLOGIE
(*Philosophie der Mythologie*)

En 1824, Schelling informe Cotta, son éditeur, qu'il est sur le point de lui donner à imprimer un livre sur la mythologie et il s'excuse par avance de la taille démesurée que celui-ci a prise (trente-six leçons au lieu des quatorze annoncées). « L'œuvre sur la mythologie, explique-t-il, donne l'éclaircissement complet sur le sens de mon système d'une façon telle que personne ne pourra douter de sa signification si je déposais aujourd'hui la plume » (*Cotta* 147). L'œuvre ne paraîtra jamais, mais les leçons recueillies dans les *Sämmtliche Werke* délivreront sous forme d'analyse des mythes une part de ce que les *Âges du monde* avaient cherché à exprimer en termes philosophiques, avec cette différence que c'est l'histoire, et non plus à proprement parler la nature, qui constitue maintenant le passé dépassé de Dieu.

La difficulté, pour qui veut comprendre la mythologie, est que toute systématicité semble lui faire défaut. Comment en saisir le sens quand « le système semble s'exhiber en elle à la manière dont les néoplatoniciens disent que la matière se dérobe lorsqu'on la cherche » (*Leçons inédites* 133)?

La mythologie ne s'explique que si on la considère objectivement, comme « ce pour quoi elle se donne », à savoir une théogonie effective, une histoire des dieux (IHC 198). À travers cette histoire s'effectue la genèse dans la conscience du Dieu unique qu'elles ont pour fondement : « le contenu ultime de l'histoire des dieux est la production, le devenir effectif de Dieu dans la conscience » (*ibid.*). Une systématicité ne pourra se découvrir que dans la processualité.

En chutant, l'homme a réveillé le principe qui avait été surmonté par la Création. Il a ébranlé le monde (PhR XIII, 385 ; *Isaïe* 24, 18). Le principe réel cherche à nouveau à se déployer dans l'existence. Une succession de représentations mythologiques en résulte, qui « sont des modifications de la substance même de la conscience retournée en quelque sorte à ce qu'elle était avant d'être conscience humaine » (PhMS 40).

La première époque du processus mythologique est celle où le principe aveugle, illimité (B), domine exclusivement. La religion astrale ou sabisme est la plus ancienne religion. Elle n'est pas encore mythologique. Elle correspond à cette vie semblable aux étoiles, errante et instable, qu'est la vie nomade. Dès que les hommes tournèrent leurs regards vers les étoiles, ils rendirent un culte à la pure puissance, à ce B dévorant à l'égard de tout ce qui est formé. Pour la conscience archaïque, les astres ne sont que des expressions interchangeables de l'Un unilatéral qui maintient la toute première humanité, l'humanité antéhistorique, à l'état de bloc indivis, inséparé. Quand elle servait les puissances du Ciel, l'humanité était comme morte. La religion astrale veut le Dieu exclusif, le Roi du Ciel, mais elle l'atteint comme désagrégé en une multiplicité d'étoiles. Ouranos, le Seigneur du Ciel, l'Un qui demeure indéchirable dans les mouvements des astres, incarne cet âge sauvage, le moment de la genèse de la nature (PhM 174 ; PhR XIII, 387).

En se rendant accessible à la puissance supérieure, en s'ouvrant au dieu relativement spirituel, Ouranos, le dieu réel, anhistorique, incline à la passivité. Il se féminise, se métamorphose en Urania (Astarté). Cet abaissement du principe unique est le signe d'une mise en mouvement, l'annonce qu'une transition se prépare. L'Un exclusif qui aliène l'homme devient soubassement, matériau. Dans le processus mythologique, le moment décisif est ce passage d'une époque à l'autre, marqué par une crise et une matérialisation. Ce moment d'effondrement est une *Grundlegung*, une « *catabolè* », une fondation. « Cette *catabolè* est la féminisation, la naturalisation du premier principe. *Natura* veut dire naissance. C'est en ce point que la philosophie de la nature s'intègre dans la philosophie positive. C'est ici que commence la véritable lutte » (*Spiegel* I, 338).

Avec cette première subordination de l'être illimité au principe supérieur encore voilé, naît la mythologie proprement dite, la mythologie historique, le polythéisme successif. Les premiers peuples, les Perses et les Babyloniens, en gardent le souvenir. Les deux divinités coexistent pacifiquement, mais la puissance motrice du procès, le Dieu libérateur (A²), dont le nom, Dionysos, ne sera connu qu'à la fin, est déjà à l'œuvre et tend à faire du principe illimité la base d'une conscience véritablement humaine. Pour l'instant, Urania le tient encore caché en elle (PhM 255 ; PhR XIII, 391).

La troisième époque décrit le surmontement progressif du principe aveugle par la puissance qui le ramène dans son en soi. Elle compte trois étapes. Dans la première, le principe sauvage, le « Dieu farouche » persiste dans sa fixité, sa masculinité et se refuse à toute approche de la puissance supérieure. L'Héraclès phénicien, Melkarth, incarne le Dieu libérateur. B et A^2 s'opposent dans l'exclusion, isolés l'un de l'autre. Dans cette tension, naissent les dieux carthaginois ou le Dieu grec Kronos. Celui-ci est le dieu « inorganique », correspondant à l'âge inorganique de la nature et au fétichisme archaïque. Il fige et pétrifie tout ce qui relève du spirituel et s'oppose à l'émergence de la médiation. Il s'oppose en tout point à l'humain. Pour que soit surmonté ce que ce principe a d'exclusif et de fermé sur soi, une nouvelle féminisation, une nouvelle « *catabolè* » s'opère. Avec la Mère des dieux, la Cybèle des Phrygiens, s'ouvre une nouvelle ère. Le dieu aveugle reconnaît au dieu idéal sa part de divinité. Ils coexistent dans une même conscience et ne sont plus en réalité qu'un seul dieu. B accueille A^2 en lui-même. Mais, ce dieu étant encore posé dans l'opposition et la tension, la contradiction se renforce (PhM 290-363 ; PhR XIII, 394).

Dans la mythologie égyptienne, la conscience admet la puissance supérieure tout en étant encore attachée à la puissance inférieure. Typhon, le Kronos égyptien, incarne le principe réel dévorant. Il est le dieu du désert, le principe igné, qui assèche et brûle tout sur son passage. Osiris, qu'Hérodote appelait le Dionysos des Égyptiens, est le principe idéal qui pousse la conscience à renoncer au dieu réel et à le poser comme puissance pure, comme sujet. Osiris est démembré. Typhon n'est vraiment vaincu qu'avec l'apparition d'Horos, la puissance démiurgique qui doit restaurer au sens spirituel supérieur l'unité qui ne pouvait s'affirmer au sens réel. Ici le polythéisme authentique commence, car la troisième puissance entre en jeu. « La conscience égyptienne récapitule en quelque

sorte tout l'abyssal procès organique » (PhM 427;
PhR XIII, 401-403).

Avec les mythologies égyptienne, hindoue et grecque,
nous assistons à l'apparition des premières mythologies
complètes, où les trois puissances œuvrent de concert.
Dans la mythologie hindoue, Brahma, le dieu réel exclusif,
s'est entièrement retiré de la conscience. Il est entièrement
posé comme le dieu du commencement, le dieu révolu, le
dieu du passé sans aucun rapport au présent, subjugué par
Shiva, qui le détruit, comme la matière pure est détruite
par la forme. La religion indienne n'est au fond que
shivaïsme. Le principe idéal prédomine, mais Vishnou
(A^3) n'est encore dans la conscience qu'un phénomène
contesté. C'est le moment d'une complète dissolution
de l'unité et de la conscience spirituelle (PhM 431-520;
PhR XIII, 404-406).

La mythologie grecque représente la « vraie
euthanasie » du principe illimité, qui permet que les
différentes puissances s'équilibrent (PhR XIII, 406). Le
dieu réel, le principe de la nature est rentré dans son en-
soi, dans sa spiritualité. Il est devenu invisible, en grec
Aïdès. Hadès, qui était présent en Ouranos, Kronos,
Brahma, est devenu le fondement « d'un monde beau
et charmant d'apparitions » (PhM 569-674; PhR XIII,
405-410).

Avec les Mystères se produit la dernière crise de la
conscience mythologique. Ils révèrent en Déméter la
conscience régénérée et constituent « une présentation
récapitulée de l'événement par lequel la conscience
se décide et se dépasse complètement jusqu'à l'ultime
connaissance » (PhR XIII, 443). En reconnaissant
enfin dans les différents dieux païens les personnalités
successives d'un seul et même Dieu, Dionysos, la

mythologie nous offre elle-même le fil conducteur qui permet de l'interpréter. « Tout n'est que Dionysos » (PhR XIII, 463). À travers le processus qu'elle décrit, Dionysos, le sauveur, le réconciliateur, qui était présent dans les mythologies de tous les peuples, ne pouvait apparaître comme tel. Il devait conquérir sa divinité et se tenait, clandestin, dans un état d'abaissement. Dionysos, « le Dieu de la vie véritablement humaine, par opposition à la vie sauvage », crée un monde, celui de Zeus, la Cité spirituelle des dieux (PhM 661 ; PhR XIII, 392-394).

L'anthropomorphisme grec et la venue au jour de Dionysos comme Dieu des Mystères et annonce du Christ sont le signe que nous sommes à la fin du processus mythologique : le principe de la nature est mort d'une mort douce, extatique. « La forme humaine est le signe même du Dieu aveugle vaincu, destitué de sa domination. Celui-ci, étant, en tant que le Dieu aveugle, hors de sa divinité, est reconduit par ce surpassement à sa divinité. La forme humaine est donc le signe de son apothéose » (PhM 651). Le processus mythologique n'avait d'autre but que nous reconduire à ce qui pose Dieu, à l'humain (PhR XIII, 378).

PHILOSOPHIE DE LA RÉVÉLATION
(*Philosophie der Offenbarung*)

« Mythologie et révélation se tiennent beaucoup plus près qu'on ne l'a cru jusqu'ici » (PhMS 223). Une révélation n'est pas quelque chose d'originel, d'immédiat, à moins d'être sans idée, mais elle suppose un obscurcissement préalable et du temps pour le surmonter. Mythologie et révélation, paganisme et christianisme sont les deux périodes d'une même histoire, celle de la deuxième Personne. Ensemble, elles décrivent le temps du Fils, de la puissance médiatrice. La philosophie de la religion n'a d'autre contenu que la personne du Christ lui-même (PhR XIV, 35).

La mythologie est le temps de sa souffrance, où il est posé dans la suprême négation, comme puissance exclue de l'être, mais elle est aussi le processus à travers lequel il se fait à nouveau seigneur de l'être non divin, seigneur de cet être dans lequel il a été posé par la faute de l'homme. La deuxième époque, celle de sa manifestation dans le christianisme, est la Révélation proprement dite. Dans le processus mythologique, le principe médiateur n'opérait que comme simple puissance. Dans la révélation, il s'élève à la libre personnalité (SW XIV, 59).

Par la faute de l'homme, la puissance médiatrice était sortie de l'unité divine : « puisqu'elle se comporte en cette circonstance de manière purement passive, la volonté propre du Fils n'est pas touchée par cette catastrophe, ou plutôt celle-ci lui *donne* pour la première fois une volonté propre, qu'elle n'avait pas dans la création, où sa volonté n'était que la volonté du Père » (SW XIV, 59). C'est en cela que le Christ peut être dit Fils de l'homme. Sa volonté est de restaurer le rapport originel. Par un de ses côtés, elle est en tension avec le Père ; par sa volonté, elle est unie avec lui. Sa volonté est de se supprimer soi-même dans son extra-divinité, comme puissance naturelle, et de ramener à l'unité l'être détourné de Dieu.

À la fin du processus mythologique, la puissance médiatrice est rétablie comme maître de l'être. En soumettant le principe qui ne devait pas être, le Fils a regagné la gloire divine. En assumant la condition de serviteur, il s'en dépouille et renonce à la gloire de l'Olympe (SW XIV, 38). « La maîtrise sur le principe extérieur n'était exigée que pour en faire le sacrifice, ainsi que de soi-même dans cette seigneurie extradivine » (SW XIV, 169). Après s'être rendu maître du principe réel du paganisme qui rendait Dieu étranger à l'homme et qui ne subsiste plus aujourd'hui que comme un résidu à lui-même incompréhensible, un *caput mortuum*, le Fils se supprime lui-même. Par sa vie, son obéissance et sa mort, il remet au Père le monde que l'homme a posé hors de lui. Avec lui meurt la religion cosmique (SW XIV, 239). Par sa mort, il nous délivre du principe dont nous étions captifs. En lui, c'est aussi le grand Pan qui est mort.

Par sa mort, le Fils a renoncé à la gloire qui était la sienne pour accéder à la gloire avec Dieu. Mais cette gloire parfaite est encore cachée. L'ultime glorification du Christ, universelle et révélée, est encore à venir. Dans l'avenir le plus lointain, quand tout élément réfractaire aura été surmonté, le Fils restituera au Père son Royaume et l'Esprit, « récapitulant tout en lui », établira son règne (SW XIV, 227-229).

La *Philosophie de la révélation* a maintenant rempli la tâche qu'elle s'était donnée : « expliquer le christianisme à partir de ce qui fait son lien organique et historique le plus haut » (SW XIV, 293). Dans le paganisme, la réconciliation n'avait lieu que dans la conscience, son histoire n'était qu'une histoire subjective. Seul un événement objectif pouvait supprimer la *cause* de la tension instaurée par le principe qui nous séparait de Dieu. L'Incarnation nous a fait passer d'une histoire subjective extatique à l'histoire effective. « Lorsque surgissent les choses elles-mêmes, leurs simples ombres s'évanouissent » (SW XIV, 174).

Mais le passage de l'histoire interne à l'histoire externe reste encore à développer. « C'est l'Église, à qui est confiée l'exécution de l'œuvre du Christ, qui assure ce passage » (SW XIV, 293).

Le devenir de l'Église historique correspond à la succession des trois apôtres, Pierre, Paul (« le premier Protestant » : SW XIV, 310) et Jean. « L'Évangile de Jean est écrit pour le plus lointain futur […]. Pierre est l'Apôtre du Père, il regarde au plus profond du passé, Paul est l'Apôtre du Fils, Jean l'Apôtre de l'esprit. Lui seul rapporte dans son Évangile les mots du Christ sur l'*esprit* qui sera envoyé à *l'humanité* » (PO 322). L'Église johannique est la seule qui soit véritablement universelle. Elle est l'Église de l'avenir, l'Église de l'esprit. « À ceux qu'il aime, Dieu donne la tâche de la complétude […]. Si je devais construire une Église, je la bâtirais pour Saint Jean. Un jour, cependant, une Église commune sera bâtie pour les trois apôtres, et ce sera le véritable panthéon chrétien » (SW XIII, 328 et 332). La religion du genre humain qui en résultera possèdera aussi en soi « la science suprême » (SW XIV, 328).

EXPOSÉ DE LA PHILOSOPHIE RATIONNELLE PURE
(*Darstellung der rein rationalen Philosophie*)

La Révélation ne fait que préparer la religion de l'Esprit. Le paganisme était une religion aveugle qui s'engendrait à travers un processus nécessaire. Le christianisme médiatise la religion libre sans la poser directement. Sur la voie de la religion libre, la religion révélée n'est qu'une étape. Si elle veut s'élever à la religion philosophique, qui ne peut être cherchée et trouvée qu'avec liberté, la conscience doit être « libre de la Révélation » (*Philo. ratio.* 258).

La religion de la liberté règnera lorsque la conscience sera délivrée des trois choses qui l'empêchent d'accéder à une connaissance libre : la religion naturelle ou mythologie, la Révélation, qui reste une autorité, et la raison naturelle, telle qu'elle s'exprime principalement dans la scolastique et la philosophie wolffienne (*Philo. ratio.* 256 ; Challiol-Gillet 1998, p. 95-100).

L'éditeur des œuvres complètes de Schelling, son fils Karl Friedrich August, ne s'est donc pas trompé en réunissant en un même ouvrage l'*Exposé de la philosophie rationnelle pure* et l'*Introduction historico-critique à la philosophie de la mythologie*. Les catégories de la raison pure et les figures de la conscience mythologique relèvent d'une même raison finie et sont autant de reflets de son aliénation et de sa naturalité. De même que la philosophie de la mythologie décrit le lent processus par lequel la conscience se libère de ses attaches naturelles, l'*Exposé de la philosophie rationnelle pure* développe une dialectique entendue au sens kantien grâce à laquelle la raison se purifie de tout ce qui ne peut que devenir. À travers elle, la raison renonce à sa naturalité pour devenir une raison libre et productive à même d'édifier un système conforme à ses prérogatives.

Descartes, en cherchant à libérer la raison de toute présupposition, est le premier qui ait entrepris de la délivrer de l'aliénation dans laquelle la connaissance naturelle la maintenait. Le *cogito* a entraîné une rupture sans appel à l'égard de toute autorité et la philosophie a conquis grâce à lui une liberté qui ne peut plus lui être ravie. « Descartes voulait l'être posé dans la pensée pure, donc indépendamment de toute science discursive, il le voulait comme commencement, mais le commencement imparfaitement compris ne lui permit pas de trouver la vraie transition et resta sans suite pour la science même » (*Philo. ratio.* 273). Avec l'argument ontologique, il n'atteint que l'être de Dieu enfermé dans l'Idée. Or un Dieu posé dans la pensée pure ne peut faire naître une science. « Il n'y a pas de preuve de l'existence de Dieu en général, car il n'y a pas d'existence de Dieu en général. L'existence de Dieu est aussitôt et immédiatement une existence déterminée » (*Philo. ratio.* 274).

À l'opposé, le mérite de Kant est d'avoir conçu l'Idée comme pouvant s'épurer par son propre mouvement et gagner une plus grande individualité en excluant progressivement tous les prédicats dérivés : après avoir rejeté tout ce qui repose sur une limitation, elle ne retient plus en elle-même que la position limpide et atteint, au terme de cette purification, l'absolue réalité. La raison est donc capable de s'épurer elle-même jusqu'à concevoir la singularité d'un Idéal : « dans le chapitre sur l'Idéal de la raison Kant a proposé le point de doctrine le plus fascinant et, au regard de ce qui précédait et suivait la raison, le plus singulier de toute sa critique » (T 1848, 19).

Or le passage de l'Idée à l'Idéal, Kant l'a bien montré, n'a rien de naturel ou d'objectif et la philosophie rationnelle, même dans ses formes les plus hautes : la piété mystique, l'art et la science contemplative, ne connaît Dieu qu'en se tenant dans un rapport idéel avec lui, autrement dit elle l'appréhende seulement comme un Dieu final immobile. Or un Dieu qui vient à la fin ne peut rien commencer et n'a aucun futur devant lui. Un Dieu qui vient à la fin ne saurait être esprit, car « la loi de l'esprit, c'est l'action » (PhMS 23). Tout au plus peut-il être « un concept régulateur, qui ne peut jamais devenir principe (constitutif) » (PO 109). La vraie démarche de la philosophie est d'une autre nature : elle consiste à extraire Dieu de son idée primordiale, dans laquelle il est comme perdu.

C'est alors au prix d'une véritable crise, d'une destruction de l'idée, que la philosophie négative pose en dehors de soi la science positive. C'est une volonté, « une volonté qui, par une nécessité interne, exige que Dieu ne soit pas simplement Idée », qui précipite la crise ultime de la philosophie rationnelle par laquelle Dieu est expulsé d'elle (*Philo. ratio.* 565). La science rationnelle conduit au-delà d'elle-même, vers un renversement qui ne peut provenir de la pensée. La raison mène jusqu'à ce renversement, mais c'est à la volonté qu'il revient de l'effectuer.

Après avoir progressivement renoncé à toutes les déterminations qu'elle met au jour (matière, êtres naturels, …), la philosophie rationnelle finit par renoncer à elle-même, car elle ne peut nous donner ce qui satisfait notre cœur. Le concept n'a affaire qu'avec le nécessaire, alors qu'il nous faut quelque chose qui soit situé en dehors de la nécessité, quelque chose qui soit voulu, un Dieu en-dehors de l'idée, un Dieu qui soit une personne. Une autre philosophie, positive et historique, est donc nécessaire pour décrire l'entrée de la divinité dans la conscience de l'humanité (*Philo. ratio.* 571).

L'*Exposé de la philosophie rationnelle pure* constitue donc, avec la dissertation sur les vérités éternelles qui lui sert d'appendice, le dernier grand texte de l'idéalisme allemand, au sens où il en reprend tout le projet. Il montre qu'une science qui a pour objet le contenu immédiat de la raison, telle que l'idéalisme a voulu l'édifier, sous la forme notamment d'une philosophie de l'identité, était une chose éminemment nécessaire, mais qu'elle ne constituait en même temps qu'une philosophie négative. « Il n'est pas dit que cette science produite par la raison pure soit absolument la dernière, au-delà de laquelle il n'y a plus rien. Quoi qu'il en soit, et même s'il devait y avoir en nous quelque chose qui dépasse toute raison, on ne pourra parler de cette dernière que lorsque la science de la raison aura été conduite à son terme » (*Philo. ratio.* 269).

DE LA SOURCE DES VÉRITÉS ÉTERNELLES
(*Über die Quelle der ewigen Wahrheiten*)

Schelling a toujours eu le souci de se positionner dans l'histoire des idées. Son effort pour situer sa pensée à l'intérieur de la tradition philosophique est même caractéristique de son style et de sa démarche. Or les philosophes du *Spätidealismus*, Christian Weiss et Immanuel Fichte, qui pouvaient sans trop d'exagération se présenter comme ses disciples, avaient compris sa dernière philosophie comme celle d'un nouveau Guillaume d'Occam, qui aurait totalement soustrait Dieu à la nécessité rationnelle et entièrement abjuré l'idéalisme. La philosophie positive pose en effet la rationalité dans le monde comme issue d'une volonté, d'une décision : si Dieu choisit de créer le monde, il y aura rationalité. Schelling leur répond dans la dissertation *De la source des vérités éternelles*, où l'on peut vraiment dire que se produit le « dénouement » de l'histoire de l'idéalisme allemand (Marquet 2003, p. 27).

Il s'agit cette fois de partir de la distinction établie par Kant entre l'Idée et l'Idéal de la raison. Dieu est l'être universel, l'Idée, le tout de la possibilité. Il l'est en soi, nécessairement et de toute éternité, avant tout vouloir. Dieu est l'essence éternelle, l'indifférence de toutes les possibilités sans y être pour rien. « Et cependant, il n'est pas *Lui-même* ce tout. En *lui-même*, il n'y a pas de *quid*, il est le pur *quod, actus purus* » (SW XI, 586). L'Idée elle-même n'existe pas, elle a besoin que l'Idéal soit pour elle « cause de l'être » : « l'être universel n'existe que si l'être singulier absolu l'est » (*ibid.*).

Dieu existe avant toute identité de la pensée et de l'être. Et pourtant, que Dieu Est « ne serait pas une vérité » s'il n'était pas *quelque chose*, quelque chose de pensable, si, d'une manière ou d'une autre, il n'était pas en relation avec la pensée. « Il ne peut être l'instance omnicompréhensive qu'en vertu d'une nécessité qui le dépasse lui-même » (SW XI, 587). Le *Dass* n'est le *Was*, il n'est la divinité qu'en vertu de la plus haute de toutes les lois, celle de l'unité de la pensée et de l'être. Selon cette loi, tout ce qui est doit avoir rapport au concept ou au concept de tous les concepts, l'Idée.

Ni Platon ni Aristote, ni même le grand Machiavel n'ont placé la pensée au-dessus de l'être. Ils croyaient que l'être doit être fermement établi avant que l'on puisse essayer de rendre son contenu conforme à la raison. Ils n'ont jamais imaginé, comme Hegel, que le général, le concept, précédait le singulier et se réalisait en s'individualisant. La tâche de la science, au contraire, est de montrer comment l'individuel se rend intelligible, comment il revêt ou « prend sur lui » (*sich bekleidet* : *Ps.* 93, 1) l'essence universelle. La grande loi parménidienne de l'identité de la pensée et de l'être est l'instrument de cette recherche.

BIBLIOGRAPHIE

Les œuvres majeures (décrites dans la partie III)

Du Moi comme principe de la philosophie, dans *Premiers écrits (1794-1795)*, trad. J.-F. Courtine, Paris, Presses Universitaires de France, 1987, p. 45-148.

Système de l'idéalisme transcendantal, trad. Ch. Dubois, Louvain, Peeters, 1978.

Exposition de mon système de philosophie, trad. E. Cattin, Paris, Vrin, 2000.

Recherches philosophiques sur l'essence de la liberté humaine et les sujets qui s'y rattachent, dans *Œuvres métaphysiques* (1805-1821), trad. J.-F. Courtine et E. Martineau, Paris, Gallimard, 1980 (2011), p. 115-196.

Monument de l'écrit de Jacobi, dans *Une autre querelle de l'athéisme. Schelling répond à Jacobi. Monument de l'écrit des Choses divines de F.H. Jacobi*, trad. P. Cerutti, Paris, Vrin, 2012.

Les âges du monde
– Brouillons de 1811 et 1813 : *Die Weltalter. Fragmente, In den Urfassungen von 1811 und 1813*, M. Schröter (hrsg), München, CH. Beck, 1946 ; *Les Âges du monde*, trad. P. David, Paris, Presses Universitaires de France, 1992.
– Édition de 1815 : *Les Âges du monde*, trad. P. Cerutti, Paris, Vrin, 2012.

Initia philosophiae universae, H. Fuhrmans (hrsg), Bonn, Bouvier, 1969 (traduction partielle : « Leçons d'Erlangen », *Œuvres métaphysiques*, *op. cit.*, p. 261-304).

Le monothéisme, trad. A. Pernet, Paris, Vrin, 1992.

Grundlegung der positiven Philosophie, Münchener Vorlesung 1832-33, H. Fuhrmans (hrsg), Torino, Bottega d'Erasmo, 1972.

Philosophie de la mythologie, trad. A. Pernet, Grenoble, Millon, 1994.

Philosophie de la Révélation, J.-F. Courtine et J.-F. Marquet (dir.), Paris, Presses Universitaires de France, 1989.

Exposé de la philosophie rationnelle pure, Introduction à la philosophie de la mythologie, J.-F. Courtine et J.-F. Marquet (dir.), Paris, Gallimard, 1998, p. 247-525.

De la source des vérités éternelles, Introduction à la philosophie de la mythologie, op. cit., p. 527-541.

Autres œuvres de Schelling citées dans le texte

Brief über den Tod Carolines vom 2. Oktober 1809, J.-L. Döderlein (hrsg), Stuttgart-Bad Cannstatt, Frommann-Holzboog, 1975.

Jahrbücher der Medicin als Wissenschaft, F.W.J. Schelling u. A. Marcus, Tübingen, Cotta, 1805.

Schellings und Hegels erste absolute Metaphysik (1801-1802), K. Düsing (hrsg), Köln, Dinter Verlag, 1988, p. 25-62 (trad. A. Pernet et A. Michalewski, *Iris*, 2003, p. 1-26).

Philosophie der Offenbarung 1841-1842, M. Frank (hrsg), Frankfurt, Suhrkamp, 1977.

La philosophie de la mythologie de Schelling, d'après Ch. Secrétan (Munich 1835-36) et H.F. Amiel (Berlin 1845-46), L. Pareyson (ed), Milano, Mursia, 1991.

System der Weltalter. Münchener Vorlesung 1827-28, S. Peetz (hrsg), Frankfurt, Klostermann, 1990.

Urfassung der Philosophie der Offenbarung, W.E. Ehrhardt (hrsg), Hamburg, Meiner, 1992.

Philosophie der Mythologie. Nachschrift der letzten Münchener Vorlesungen 1841, Roser u. H. Schulten (hrsg), Stuttgart-Bad Cannstatt, Frommann-Holzboog, 1996.

Autres traductions françaises
des œuvres de Schelling

Aperçu général de la littérature philosophique la plus récente et autres textes, trad. P. Cerutti, J.C. Lemaitre, T. Pedro, C. Théret, Paris, Vrin, 2015.

Bruno ou Du principe divin et naturel des choses, trad. J. Rivelaygue, Paris, L'Herne, 1987.

Clara ou Sur la liaison de la nature avec le monde des esprits, trad. E. Kessler…, dans *Schelling, philosophe de la mort et de l'immortalité*, A. Roux (dir.) Rennes, Presses Universitaires de Rennes, 2014, p. 181-268.

Contribution à l'histoire de la philosophie moderne, trad. J.-F. Marquet, Paris, Presses Universitaires de France, 1984.

Correspondance Fichte-Schelling (1794-1802), trad. fr. M. Bienenstock, Paris, Presses Universitaires de France, 1991.

De l'âme du monde, trad. S. Schmitt, Paris, Éditions Rue d'Ulm, 2007.

« De la valeur et de la portée des sociétés bibliques (1822) », trad. P. David, *Philosophie*, 1992, n°36, p. 3-9.

« Emmanuel Kant (1804) », trad. P. David, *Philosophie*, Minuit, 1989, n° 22, p. 3-10.

Discours prononcé à l'ouverture du cours de philosophie à Berlin (15 novembre 1841), trad. P. Leroux, Paris, Vrin, 1982.

Du rapport des arts plastiques avec la nature et autres textes (*Sur l'essence de la science allemande* et *Recension de Fl. Niethammer*), trad. P. Cerutti, Paris, Vrin, 2010.

Exposé de l'empirisme philosophique, trad. J.L. Garcia, *Philosophie*, Paris, Minuit, n° 40, 1993 et n° 41, 1994.

Introduction à la philosophie, trad. M.C. Challiol-Gillet et P. David, Paris, Vrin, 1996.

Introduction à l'esquisse d'un système philosophique de la nature, trad. F. Fischbach et E. Renault, Paris, Le Livre de poche, 2001.

La liberté humaine et Controverses avec Eschenmayer, trad.
B. Gilson, Paris, Vrin, 1988.

Le Timée de Platon, trad. A. Michalewski, Villeneuve d'Ascq,
Presses Universitaires du Septentrion, 2005.

Leçons inédites sur la philosophie de la mythologie, trad.
A. Pernet, Grenoble, Millon, 1997.

*Leçons sur la méthode des études académiques, Philosophies
de l'université, Textes de Schelling, Fichte, Schleiermacher*,
trad. J.-F. Courtine et J. Rivelaygue, Paris, Payot, 1979,
p. 41-165.

« Notice sur les tentatives de Monsieur Villers pour introduire la
philosophie kantienne en France » (1803), trad. P. Cerutti,
Schelling, Revue germanique internationale, octobre 2013,
n°18, p. 7-27.

*Présentation du véritable rapport de la philosophie de la nature
à la doctrine de Fichte améliorée* (précédé de J.G. Fichte,
Sur l'essence du savant), trad. sous la dir. de P. Cerutti,
Paris, Vrin, 2015.

« Sur la construction en philosophie (1803) », trad. Chr. Bonnet,
Philosophie, Minuit, 1988, n° 19, p. 3-28.

« Sur le rapport du réel et de l'idéal dans la nature », trad.
M. Galland-Szymkowiak, A. Pernet et V. Stanek,
Philosophie, 2009, n°101, p. 3-18; n° 102, p. 3-17.

Textes esthétiques, trad. A. Pernet, Paris, Klincksieck, 1978.

Brouillons

Das Tagebuch 1848, H.J. Sandkühler (hrsg), Hamburg, Meiner,
1990.

Philosophische Entwürfe und Tagebücher, HJ. Sandkühler,
M. Schraven (hrsg), Hamburg, Meiner, Bd. 1 : 1809-1813,
Bd. 2 : 1814-1816, Bd. 12 : 1846, Bd. 14 : 1849, 1994-
2007.

Schellingiana rariora, L. Pareyson (hrsg), Torino, Bottega
d'Erasmo, 1977.

Weltalter-Fragmente, K. Grotsch (hrsg), *Schellingiana*, Bd. 13, Stuttgart, Frommann-Holzboog, 2002.

Correspondance

Aus Schellings Leben. In Briefen, G.L. Plitt (hrsg), Leipzig, G. Hirzel, 1869-1870.

Briefe und Dokumente, H. Fuhrmans (hrsg), Bonn, Bouvier, 1962-1975.

Schelling und Cotta. Briefwechsel, H. Fuhrmans (hrsg), Stuttgart, Klett-Cotta, 1965.

KÖRNER (J.) 1937, *Krisenjahre der Frühromantik. Briefe aus dem Schlegelkreis*, Wien, Brünn.

König Maximilian II von Bayern und Schelling, L. Trost u. L. Leist (hrsg), Stuttgart, Cotta, 1890.

WAITZ (G., hrsg) 1970, *Briefe aus der Frühromantik*, Bern, Lang.

Ouvrages et documents biographiques utilisés dans le texte

FICHTE (I.H.) 1862, *Johann Gottlieb Fichte's Leben und literarischer Briefwechsel*, Leipzig, Brockhaus.

FUHRMANS (H.) 1956, « Schelling-Briefe aus Anlaß seiner Berufung nach München in Jahr 1827 », *Philosophisches Jahrbuch*, 64, p. 272-297.

HEIGEL (KT.) 1897, *Die Verlegung der Ludwigs-Maximilians-Universität*, München, Wolf.

KLÜPFEL (K.) 1849, *Geschichte und Beschreibung der Universität Tübingen*, Tübingen, Fues Verlag.

KÖPKE (R.) 1860, *Die Gründung der königlichen Friedrich-Wilhelms-Universität zu Berlin*, Berlin, Schade.

LANG (W.) 1885, *Von und aus Schwaben. Geschichte, Biographie, Litteratur*, Stuttgart, Kohlhammer.

PLATH (M.) 1901, « Der Goethe-Schellingsche Plan eines philosophischen Naturgedichts. Eine Studie zu Goethes *Gott und Welt* », *Preussiche Jahrbücher*, n° 106, p. 44-71.

ROSENKRANZ (K.) 1843, *Schelling. Vorlesungen gehalten im Sommer 1842 an der Universität zu Königsberg*, Danzig, Gerhard.

SUPHAN (B., hrsg) 1897, *Schriften der Goethe-Gesellschaft*, Weimar, Goethe Gesellschaft.

TILLIETTE (X.) 1974-1997, *Schelling im Spiegel seiner Zeitgenossen*, Torino, Bottega d'Erasmo.

– 1999, *Schelling. Biographie*, Paris, Calmann-Lévy.

TÜMMLER (H.) 1962, *Goethes Briefwechsel mit C.G. Voigt*, Weimar, Böhlaus.

Ouvrages des contemporains de Schelling cités dans le texte

BAADER (F. von) 1798, *Ueber das pythagoräische Quadrat in der Natur*, Tübingen.

BECKERS (H.) 1865, *Die Unsterblichkeitslehre Schellings im ganzen Zusammenhang ihren Entwicklung dargestellt*, München, Verlag der Akademie.

BENGEL (J.A.) 1746, *Welt-Alter, darin die Schriftmässige Zeiten-Linie bewiesen*, Esslingen, Schall.

CARUS (G.C.) 1846, *Psyche. Zur Entwicklungsgeschichte der Seele*, Pforzheim, Flammer.

FICHTE (J.G.) 1979, *Sätze zur Erläuterung des Wesen der Thiere, Gesamtausgabe der bayerischen Akademie der Wissenschaften*, R. Lauth u. H. Gliwitzky (hrsg), Stuttgart-Bad Cannstatt, Frommann-Holzboog, Bd. II, 5, p. 421-430.

FRIES (J.-F.) 1978, *Reinhold, Fichte und Schelling, Sämtliche-Schriften*, G. König und L. Geldsetzer (hrsg), Aalen, Scientia Verlag, Bd. 24, *Polemische Schriften.*

– 1812, *Von deutscher Philosophie, Art und Kunst. Ein Votum für F.H. Jacobi gegen F.W.J. Schelling*, *Sämtliche Schriften*, G. König und L. Geldsetzer (hrsg), Aalen, Scientia Verlag, 1978, Bd. 24, *Polemische Schriften.*

GOETHE (J.W. von) 1965, *Goethes Briefe. Hamburger Ausgabe in 4 Bänden*, Hamburg, Wegner.

– 1988, *Conversations de Goethe avec Eckermann*, trad. J. Chuzeville, Paris, Gallimard.

GOETHE-SCHILLER 1994, *Correspondance (1794-1805)*, trad. L. Herr, Paris, Gallimard.

HAECKEL (E.) 1874, *Natürliche Schöpfungsgeschichte*, Berlin, Reimer.

HARTMANN (E. von) 1875, « *Schelling und die Gegenwart* », *Unsere Zeit. Deutsche Revue der Gegenwart*, Leipzig, Brockhaus, Bd. XI, n°1, p. 401-428.

– 1897, *Schellings philosophisches System*, Leipzig, Haacke.

HEGEL (G.W.F.) 1962, *Correspondance*, trad. J. Carrère, Paris, Gallimard.

– 1975, *Leçons sur l'histoire de la philosophie*, trad. P. Garniron, Paris, Vrin, t. VII, La philosophie moderne.

– 1986a, *La différence entre les systèmes philosophiques de Fichte et de Schelling*, trad. B. Gilson, Paris, Vrin.

– 1986b, *Vorlesungen über die Geschichte der Philosophie*, *Werke*, Frankfurt, Suhrkamp.

– 1991, *Notes et fragments Iéna, 1803-1086*, trad. C. Colliot-Thélène, G. Jarczyk, … Paris, Aubier.

– 2004, « Idées principales du cours de logique et métaphysique (1801-1802) », trad. fr. A. Michalewski, *Philosophie*, 2004, n° 81, p. 3-14.

HEINE (H.) 1972, *Heines Werke in fünf Bänden*, H. Holtzhauer (hrsg), Berlin, Aufbau Verlag, Bd. III.

HERDER (J.G.) 1830, *Sämmtliche Werke*, Stuttgart, Cotta.

– 1984-2002, *Werke*, W. Pross (hrsg), München, Carl Hanser Verlag.

HUMBOLDT (A. von) 1845-1858, *Kosmos. Entwurf einer physischen Weltbeschreibung*, Stuttgart, Cotta.

HUMBOLDT (W. von) 1939, *Briefe an Karl von Brinkmann*, A. Leitzmann (hrsg), Leipzig, Hiersemann.

JACOBI (F.H.) 1868, *Briefe an F. Bouterwek aus den Jahren 1800 bis 1819*, W. Mejer (hrsg), Göttingen, Deuerlich.

– 2008, *Des choses divines et de leur révélation*, trad. P. Cerutti, Paris, Vrin.

– 2009, *Sur l'entreprise du criticisme de ramener la raison à l'entendement* (suivi de la *Lettre à Fichte*), trad. P. Cerutti, Paris, Vrin.

JEAN PAUL 1999, *Titan*, N. Miller (hrsg), München, Hanser Verlag.

KANT (I.) 1936, *Kant's gesammelte Schriften*, Preußischen Akademie der Wissenschaften, Berlin, de Gruyter, *Kant's handschriftlicher Nachlaß*.

– 1994, *La religion dans les limites de la simple raison*, trad. J. Gibelin, Paris, Vrin.

KÖPPEN F. 1803, *Schellings Lehre oder das Ganze der Philosophie des absoluten Nichts*, Hamburg, Perthes.

MARX K – F. ENGELS 1971, *Correspondance*, trad. G. Badia et J. Mortier, Paris, Éditions Sociales, t. I.

NOVALIS 1983, *Schriften*, R. Samuel (hrsg), Stuttgart, Kohlhammer.

– 2004, *Semences*, trad. O. Schefer, Paris, Allia.

RANKE (L. von) 1975, *Idee der Universalhistorie, Aus Werk und Nachlass*, V. Dotterweich u. W.P. Fuchs (hrsg), München, Oldenbourg.

SCHLEGEL (F.) 1958-1980, *Kritische Friedrich-Schlegel-Ausgabe*, E. Behler (hrsg), Paderborn, Schöningh Verlag.

STEFFENS (H.) 1822, *Anthropologie*, Breslau, Josef Max Verlag.

– 1840, *Was ich erlebte*, Breslau, Josef Max Verlag.

Commentaires sur l'œuvre
de Schelling utilisés dans le texte

Ouvrages

BAUSOLA (A.) 1975, *Friedrich Wilhelm Joseph Schelling*, Firenze, La Nuova Italia.

CHALLIOL-GILLET (M.C) 1998, *Schelling, une philosophie de l'extase*, Paris, Presses Universitaires de France.

FUHRMANS (H.) 1954, *Schellings Philosophie der Weltalter*, Düsseldorf, Verlag L. Schwann.

GERABEK (W.E.), 1995, *F.W.J. Schelling und die Medizin der Romantik Studien zu Schellings Würzburger Periode*, Frankfurt, Peter Lang Verlag.

HATEM (J.) 1987, *L'écharde du mal dans la chair de Dieu*, Paris, Cariscript.

– 2012, *Barbey d'Aurevilly et Schelling*, Paris, Orizons.

HEIDEGGER (M.) 2015, *La métaphysique de l'idéalisme allemand (Schelling)*, trad. P. David, Paris, Gallimard.

– 1977, *Schelling, Le traité de 1809 sur l'essence de la liberté humaine*, trad. J.-F. Courtine, Paris, Gallimard.

– 2010, *Heideggers Schelling-Seminar (1927/28)*, L. Hühn u. J. Jantzen (hrsg), Stuttgart-Bad Cannstatt, Frommann-Holzboog.

HENRICH (D., hrsg) 1997, *Briefwechsel und kantische Schriften. Wissensbegründung in der Glaubenskrise Tübingen-Jena (1790-1792). Immanuel Carl Diez*, Stuttgart, Klett-Cotta.

HOGREBE (W.) 1989, *Prädikation und Genesis*, Frankfurt am Main, Suhrkamp.

LOVEJOY (A.O.) 1957, *The Great Chain of Being. A Study of the History of an Idea* (1936), Cambridge, Harvard University Press.

MARQUARD (O.) 2002, *Des difficultés avec la philosophie de l'histoire*, trad. O. Mannoni, Paris, Maison des sciences de l'homme.

– 2003, *Aesthetica und Anesthetica. Philosophische Überlegungen*, München, Wilhelm Fink Verlag.

PEETZ (S.) 1995, *Die Freiheit im Wissen*, Frankfurt am Main, Klostermann.

TANG (C.) 2008, *The Geographic Imagination of Modernity. Geography, Literature and Philosophy in German Romanticism*, Stanford, Stanford University Press.

TILLICH (P.) 1910, *Die religionsgeschichtliche Konstruktion in Schellings positiver Philosophie, ihrer Voraussetzungen und Principien*, Breslau, Fleischmann.

– 1912, *Mystik und Schuldbewusstsein in Schellings philosophischer Entwicklung*, Gütersloh, Bertelsmann.

TILLIETTE (X.) 1969, *Schelling. Une philosophie en devenir*, Paris, Vrin.

– 1987, *L'absolu et la philosophie*, Paris, Presses Universitaires de France.

VETÖ (M.) 1998 et 2000, *De Kant à Schelling. Les deux voies de l'idéalisme allemand*, Grenoble, Millon.

Articles

BRÉHIER (E.) 1947, « Comment je comprends l'histoire de la philosophie », *Les études philosophiques*, n°2, p. 105-114.

KIRSCHER (G.) 1977, « Schelling et Kant. Finalité et organisme », *Studi Urbinati*, n°1-2, p. 191-215.

MARQUET (J.-F.) 1985, « Friedrich Wilhelm Joseph von Schelling », *Encyclopaedia Universalis*, t. 16, p. 516-518.

– 2003, « Schelling et le dénouement de la philosophie », *Iris. Annales de philosophie*, Beyrouth, p. 27-41.

RICONDA (G.) 2008, « Pareyson e la filosofia della liberta dei Weltalter », *Annuario filosofico*, p. 165-180.

SCHNEIDER (A.) 2004, « "Le cœur fort veut l'être". Zum Verhältnis von Pascal und Schelling in der Sicht Félix Ravaissons », *Archiv für Geschichte der Philosophie*, n°1, p. 88-110.

TILLIETTE (X.) 2003, « Schelling et le monothéisme », *Cahiers d'études lévinassiennes*, n°2, p. 183-196.

Autres travaux cités dans le texte

BENEKE (F.E.) 1994, *Ungedruckte Briefe*, R. Pettoello (hrsg), Aalen, Scientia.

BLOCH (E.) 1959-1978, *Gesamtausgabe*, Frankfurt, Suhrkamp.

– 1969, *Philosophische Aufsätze*, Frankfurt, Suhrkamp.

– 1972, *Das Materialismusproblem, seine Geschichte und Substanz*, Frankfurt, Suhrkamp.

– 2011, *Mémorial pour Else Bloch-von Stritzky*, trad. L. Pelletier, Paris, Éditions de la Maison des sciences de l'homme.

CORBIN (H.) 1978, *Corps spirituel et Terre céleste. De l'Iran mazdéen à l'Iran shî'ite*, Paris, Buchet-Chastel.

JAYNES (J.) 1994, *La naissance de la conscience dans l'effondrement de l'esprit*, trad. G. de Montjou, Paris, Presses Universitaires de France.

MERLEAU-PONTY (M.) 1994, *La nature. Notes. Cours du Collège de France*, D. Séglard (éd.), Paris, Seuil.

OTTO (W.) 1969, *Dionysos. Le mythe et le culte*, trad. P. Lévy, Paris, Le Mercure de France.

PUTNAM (R.A) 1997, *The Cambridge Companion to William James*, Cambridge, Cambridge University Press.

RICŒUR (P.) 2009, *Philosophie de la volonté*, Paris, Seuil.

STANGUENNEC (A.) 2011, *La philosophie romantique allemande*, Paris, Vrin.

VOEGELIN (E.) 1990, « *Last Orientation* », tapuscrit de la Hoover Institution Archives, Stanford University, Voegelin Papers, box 59, folder 7, p. 126-244.

– 2004, *Réflexions autobiographiques*, trad. S. Courtine-Denamy, Paris, Bayard.

WHITEHEAD (A.N.) 1922, *The Principle of Relativity with Application to Physical Sciences*, Cambridge, Cambridge University Press, 1922.

– 1998, *Le concept de nature*, trad. J. Douchement, Paris, Vrin.

– 1994, *La science et le monde moderne*, trad. P. Couturiau, Monaco, Éditions du Rocher.

INDEX DES NOMS PROPRES

TABLE DES MATIÈRES

Achevé d'imprimer le 28 février 2019
sur les presses de
La Manufacture - Imprimeur – 52200 Langres
Tél. : (33) 325 845 892

N° imprimeur : 190241 - Dépôt légal : mars 2019
Imprimé en France